現代スポーツマネジメント

マーケティングからマネジメントの時代へ

杉谷正次・石川幸生［編著］

三恵社

序　章

　有史以来、人間とスポーツとの関わりについては、人類学やスポーツ人類学等の研究領域の著作や文献に紹介され、周知されているところである。また、日本においても同様な記録が古文書などに残っており、その密接な関係性についても明らかにされている。

　そこで、スポーツの視点からその時代のあり方を概観してみると、その昔、日本における貴族社会では、「するスポーツ」と「観るスポーツ」を分けて楽しんでいたようである。それは、貴族が楽しんだ「観るスポーツ」の代表といわれている節会 (せちえ) スポーツであり、多種目のスポーツが行われる中で、弓を射る形態の競技が多く行われていた。そしてそのことは、消耗品である弓や矢を製造する弓師や矢師の職人が存在していたことがうかがわれ、今日のスポーツビジネスの先駆けとして推察される事柄である。

　その後、中世になると節会スポーツも衰退し、寺社祭礼として奉納芸（見物料を観客から徴収し芸能「相撲も一芸能」を見せる）が、全国各地で行われるようになった。その頃、相撲を取る人の専業化が進んだとされている。このことは、現在の日本におけるプロスポーツ選手の先駆けと見なす事が出来るのではなかろうか。また、半僧半俗の民間宗教者で構成し勧進相撲を取り仕切っていた勧進聖 (かんじんひじり) は、顕著な興行であり桟敷を用意し、飲食物等も販売し、人気力士の錦絵（ブロマイド）や関連グッズの販売ビジネスを盛んに行っていたようである。そして、幕末期には、これらの興行も全国各地へ及ぶに至ったのである。この興行の在り方から、現代のスポーツビジネスを考える時、その先駆けとなる戦略を編み出していたのではないかといえる。また、『日葡辞書 (にっぽじしょ)』には、蹴鞠 (けまり) の習得を目的とする「鞠講」なる集団の存在や、今日のツアーコンダクターに似た存在があったようで、「御師 (おんし)」と呼ばれる宗教者の存在について記載があることから、そこにはビジネスが成り立っていた可能性が推察される。

　さて、近代社会においては、マスメディアを介したスポーツ（マスメディアスポーツ）との関わり方のスタイルが構築されてきたといえる。

　明治30年代になると、マスメディア（新聞記事、スポーツ関連雑誌、スポーツを題材とした映画等）の取り扱い方は、国技といわれる相撲がその中心ではあったが、野球、庭球、漕艇、等の外来スポーツも紹介され多様化してきた。

　大正期には、新聞社と私鉄会社との提携により、スペクテータースポーツとしてのスポーツイベントが盛んに行われ、大正末期には新聞社がラジオやニュース映画の製作に傾注し、メディアスポーツを全国へ拡大させた。しかし、昭和10年代に入ると日本では総力戦時体制が敷かれ、スポーツが「国防体育」へと変貌しながらビジネスと乖離し、メディアスポーツが縮小に至った事など、スポーツとビジネスの歴史的な関係を振り返ることができる。

　ところで、現代社会におけるスポーツマネジメントの視点からメディアスポーツをみると、グローバル化と共にメディアを媒体としたスポーツ経験が世界的に拡大し、その中で関係するグローバル企業のスポーツビジネス化が加速しているといえる。

オリンピック東京大会では、テレビの普及率を約 90%まで押し上げ、テレビが国民的メディアとなった。また、東洋の魔女として話題を集めた女子バレーボールチームの決勝での視聴率は、66.8%であり、また、テレビをとおしてのオリンピックへの接触率は、97%であった。そして、人々のスポーツへの消費欲求を喚起した大衆消費社会において、広告素材としてのスポーツの価値をおおいに高めることになった。このことにより、冠スポーツイベントの開催、企業スポーツチームへの結成、スポーツを利用したプロモーションが弾みをつけて展開された。

　そして、1984 年にアメリカ・ロサンゼルスで開催されたオリンピックでは、広告代理店の介在によって強固になり、テレビ放送の多チャンネル化や放送網のグローバル化により、グローバル企業をスポーツの国際舞台に誘引する状況を起こさせた。

　さて、わが国のスポーツ展開の在り方についてみると、超高齢社会の到来とともに、健康・体力づくりや生涯にわたるスポーツ活動（生涯スポーツ）に対する関心や機運が高まっている。長寿社会における健康問題の重要性が認識されると共に、スポーツ振興政策においても生涯スポーツの充実が、スポーツ振興の課題の一環として位置づけられるようになった。すなわち、わが国にも生涯スポーツの時代が到来したのである。

　1989 年の保健体育審議会答申「21 世紀に向けたスポーツ振興について」において、わが国のスポーツの現状と課題に「生涯スポーツ」「競技スポーツ」「学校における体育・スポーツ」「スポーツの国際交流」「企業とスポーツ」「アマチュアスポーツの変容とプロスポーツ」等、21 世紀に向けたスポーツ振興の一環として、「生涯スポーツ」の充実が課題に位置付けられている。

　そこでは、生涯スポーツについて、「国民一人ひとりが日常生活の中で、生涯にわたり積極的にスポーツを親しむことは、健康の保持増進と体力の向上に役立つだけでなく、明るく豊かで生きがいのある生活を営む上で極めて重要である。今後、高齢化や都市化が進行し、健康に関心が高まる中で、このような「生涯スポーツの重要性は、今後ますます高まると考えられ、その充実のための諸条件の整備が望まれる。」とその意義や課題を述べている。

　しかし、現状では、「身近な施設の不足、適切な指導者が見いだせないこと、時間的、経済的な制約等様々な理由からスポーツ活動に恵まれない人々も依然として多く、施設の量的・質的充実、指導者の養成など種種の改善が求められている。」という課題をあげており、こうした状況を踏まえつつ、「だれもが、いつでも、どこでも、気軽に」参加できる「生涯スポーツ」の条件整備を図ることが重要な課題であると指摘している。

　さらに、21 世紀に向けたスポーツ振興の基本方向の中では、生涯スポーツの充実について、各種スポーツ事業の充実として、「年齢層やライフスタイルの相異に応じた様々なスポーツ種目の普及・振興を図る観点からいわゆるニュースポーツに開発やレジャー・レクリエーション性のあるスポーツの育成を行うとともに、既存のスポーツ種目より親しみやすいものとする工夫等、多角的な調査研究を推進する」必要性を述べている。

　1961 年 6 月「スポーツ振興法」が制定されてから 50 年ぶりに見直された「スポーツ基

本法」が2011年6月に成立し、スポーツに関する基本理念を定め、国及び地方公共団体の責任並びにスポーツ団体の努力等を明らかにするとともに、スポーツに関する政策の基本となる事項を定めた。また、このスポーツ基本法は、一人ひとりの国民にスポーツを行うことのできる権利を保障する「スポーツ権」の確立や、政府内にスポーツ庁を新設すること等が盛り込まれている。

　現在、スポーツは、近代スポーツから現代スポーツへの激しい転換点に立っている。それは、アマチュアスポーツを中心とする「するスポーツ」から、プロスポーツやメディアスポーツなどの「する」「観る」スポーツへ多様なスポーツの登場によって、スポーツのありようが大きく変化している。メディアの関わりによってグローバル化が加速し、ますますプロスポーツがより一層の広がりをもつようになった。こうした中で、スポーツビジネスの新たな分野として、メディアスポーツが注目される昨今である。

　さて、スポーツマネジメントをどのように定義するかについては、この分野の先進国であるアメリカにおいても、まだ十分な論議を経て定義化はなされないまま、スポーツマーケティングからマネジメントへシフトしてきており、今後の学会での動向を見極める必要がある。また日本では、通産省政策局編『スポーツビジョン21』の著作の中では、スポーツ産業を大きくソフトとハードに分け、さらに「スポーツサービス業」「スポーツ製造業」「スポーツスペース業」に3分割し、ほとんどのスポーツ産業を包括的にとらえる考え方を示している。先鋭化したプロスポーツから日常的な余暇に行われるスポーツに至るまで、スポーツという人間のスポーツ文化としての活動を可能とするための、様々な産業やビジネスが今日成り立っている。わが国においては、経済学的な視点からスポーツをまとめて論ずる試みは必ずしも多くなかったと思われるが、スポーツがさまざまなメッセージの媒体となり、それによって市場で対価を得ること、利益をもたらすことが確認され認識された事により、今日では、スポーツについて幅広い産業や企業が関連しながら関わりを持っている。そして、そのことは、スポーツビジネスの一層の発展と可能性をうかがわせるものである。

　さて、本書のタイトルである『現代スポーツマネジメント』についてであるが、1984年、アメリカ合衆国・ロサンゼルスで開催されたオリンピックの成功が契機となり、急速にスポーツのビジネス化がアメリカを中心として進展した。そして、今まで赤字続きだったオリンピック開催を初めて民間主導で行い、テレビの放映権料やスポンサー協賛金、入場料収入、記念グッズなどの収益等で黒字開催に転換させた。また、こうしたグローバルなメガスポーツイベントは、世界の人々に勇気や感動、希望を与えるだけでなく、巨大な経済効果をも含め生み出すものであることを、世界中に知らしめる結果となった。

　近年、世界経済は、リーマンショック以降低迷しているが、スポーツに関連する消費調査によれば、アメリカのスポーツ関連消費額は日本円で約25兆円、また日本でも約10兆円と推計され、巨大なスポーツビジネス市場が形成されている。スポーツは、魅力的なソフトであり「商品」として認識され、企業にとって利益を上げるための事業活動の一つとして認知され、受け入れるまでに至ったことは、すなわち、ビジネスのジャンルとしてスポーツが、

完全に定着したと考えてもよい時代になったのではなかろうか。これからも、さらなるスポーツビジネスの可能性が広がるものと予測される。

　ビジネス界にとってスポーツは、大変魅力ある商品（ソフト）である。そして、スポーツにはさまざまな可能性を包含している。そこで本書は、スポーツマネジメントの可能性を探るため、現代におけるスポーツマネジメントの現状と課題について焦点を当て、主に経営学の視点からその知識や今日的な課題を分かりやすく解説した。また、興味や関心が持てるよう、最新の話題やエピソード等を関連資料として取り上げ、より身近な話題や課題を実感できるよう掲載した。

　最後に、本書がスポーツマネジメントに興味や関心を持ち学ぶ皆さんに少しでも役に立ち、これからのスポーツマネジメント分野における進化発展の一助になる一遍になるならば幸甚である。

序　章　　　　　　　　　　　　　　　　　　　　　　　　　3

第1章　スポーツ産業の発展と動向……………………………………10

　Ⅰ．現代社会におけるスポーツの意味
　　　1．0.01秒の価値——ウサイン・ボルト選手の金色のスパイク
　　　2．モノ・コト・行為の記号化——オスカー・ピストリウス選手の義足
　　　3．終わりのない差異の追求——ウィンブルドン方式
　　　4．経済の原則——大阪近鉄バッファローズの存続理由
　Ⅱ．スポーツの本質とは
　　　1．面白くないスポーツはなくなる
　　　2．ホモ・スポルデュースへ
　　　3．マネジメントの重要性
　展開課題①
　関連資料①　スポーツ庁設置法が成立、10月発足　五輪選手強化
　　　　　　　スポーツ庁初代長官に鈴木大地氏　政府決定
　　　　　　　ソウル五輪100メートル背泳ぎの金メダリスト

第2章　スポーツマネジメントの基礎理論 …………………………21

　　　1．スポーツマネジメントとは
　　　2．スポーツマネジメントの成立
　　　3．北米におけるスポーツマネジメントプログラム
　　　4．ドイツにおけるスポーツマネジメントプログラム
　　　5．わが国におけるスポーツマネジメント
　展開課題②
　関連資料②　スポーツ界最大の課題、プロ経営者を育てよう

第3章　スポーツ消費者と消費行動……………………………………30

　　　1．スポーツの市場
　　　2．スポーツの市場へのインパクト（労働時間・可処分所得・余暇活動）
　　　3．スポーツ産業の広がり
　　　4．スポーツ産業の発展
　　　5．スポーツをビジネスするとは
　展開課題③
　関連資料③　世界の頂点で戦う錦織圭効果で第4次テニスブームは来るか

第4章　スポーツマーケティングに関する考え方と構造………43

　Ⅰ．スポーツ用品業界の現状
　　　1．スポーツ用品の市場はその規模を実施者の数に依存する

2．スポーツ用品メーカーは卸売を中心とした業者

　　3．不況下におけるスポーツ専門店の戦い——アルペンとゼビオ

　　4．価格訴求以外の愛顧動機の醸成——コンセプトショップの到来

　　5．スポーツ商品の平準化——パテントビジネス

　Ⅱ．スポーツ用品産業の市場

　　1．スポーツ用品業界の概況

　　2．スポーツ用品産業の生産と消費を結ぶ流通活動

展開課題④

関連資料④　アシックス　世界3位を射程内に捉える

　　　　　　　　日の丸スポーツブランドの野望

第5章　マーケティングプログラムの展開……………………………58

　　1．スポーツ用品における小売ビジネスの実態

　　2．小売業における顧客満足の位置づけとその必要性

　　3．顧客満足（CS）とは

　　4．スポーツ用品における小売ビジネスの展望と課題

展開課題⑤

関連資料⑤　逆境をバネにグローバル企業をめざす　アルペンの21世紀戦略

第6章　マーケティング倫理と法………………………………72

　　1．経営倫理・マーケティング倫理とは

　　2．スポーツビジネスのグローバル化

　　　　　　　　　　　　——マーケティング活動における諸問題

　　3．小売業の市場構造の変化——ビジネス・コンプライアンスの重要性

展開課題⑥

関連資料⑥　Jリーグの理念揺るがす大宮の「観客数水増し」問題

第7章　プロスポーツのマネジメント……………………………83

　Ⅰ．北米4大プロスポーツ

　　1．北米4大プロスポーツは巨大ビジネス

　　2．プロスポーツにおけるチームの資産価値

　Ⅱ．日本プロ野球とメジャーリーグ

　　1．プロ野球日米比較——組織と権限

　　2．なぜ日本プロ野球には親会社が存在するのか

　　3．拡大する日米の経営格差

　　4．斬新な経営戦略を取り入れるMLB球団

　　　　　　　　　　——アスレチックスとレッドソックス

　Ⅲ．Jリーグとヨーロッパサッカー

　　1．Jリーグの誕生

2. Jリーグに所属するクラブ経営の状況

　　3. Jリーグクラブ経営の今後の課題

　　4. ヨーロッパ5大国におけるトップリーグ

　　5. ヨーロッパにおけるプロサッカークラブの経営状況

　　6. ヨーロッパプロサッカービジネスの今後の課題

展開課題⑦

関連資料⑦-1　経営者が学びたいメジャーリーグGMの敏腕ぶり

関連資料⑦-2　Jリーグに「放映権料10年2100億円」の価値はあるか

第8章　スポーツイベントのマネジメント……………………101

　Ⅰ. オリンピックのマネジメント

　　1. オリンピックは「スポーツの祭典」

　　2. 商業化するオリンピック

　　3. 高騰し続ける放映権料

　　4. 加熱するスポンサーシップ

　　5. チケット収入とライセンス収入

　　6. オリンピックビジネスの今後の課題

　Ⅱ. ワールドカップのマネジメント

　　1. オリンピックを凌ぐスポーツイベント

　　2. ワールドカップはメガスポーツビジネス

　　3. ワールドカップで多額の資金を集めるFIFA

　　4. ワールドカップビジネスの今後の課題

展開課題⑧

関連資料⑧　フィギュアにもドーピングはあるの!?
　　　　　　五輪スキャンダルで揺れるロシア。

第9章　フィットネスクラブのマネジメント………………117

　　1. 日本人のスポーツ参加動向

　　2. フィットネス産業の歴史

　　3. フィットネス産業の現状

　　4. フィットネスクラブの経営戦略と今後の課題

展開課題⑨

関連資料⑨　ライザップの次は「定額制通い放題」ジムがブームの兆し

資料編　総合型地域スポーツクラブのマネジメント…………128

参考文献　　　　　　　　　　　　　　　　　　　　　140

第1章 スポーツ産業の発展と動向

Ⅰ．現代社会におけるスポーツの意味

1．0.01秒の価値——ウサイン・ボルト選手の金色のスパイク

　ウサイン・セント・レオ・ボルト選手（ジャマイカ）は、2008年の北京オリンピック陸上競技男子100mで、9秒69の世界新記録（現世界記録は、同選手が2009年世界陸上ベルリン大会で記録した9秒58）をマークして優勝し、ドイツのスポーツ用品大手メーカープーマ（Puma）の金色のスパイクを履いて頂点に立った。プーマは、ドイツ、バイエルン州ミッテルフランケン・ヘルツォーゲンアウラハを本拠地とする世界的なスポーツ用品・スポーツウェアを製造・販売をしている多国籍企業である。当時、世界のスポーツシューズ市場においては、アメリカのナイキ（Nike）、ドイツのアディダス（adidas）などと激しい競争を繰り広げていた。そのためプーマは、北京オリンピック出場選手との契約数やアジア太平洋地域の売上高でもナイキやアディダスなどの競合相手に市場を奪われており、また同社の得意分野がサッカー用品であったため、陸上競技におけるスポーツシューズの認知度は低かった。英紙フィナンシャル・タイムズ（アジア版）によると、プーマのアジア太平洋地区担当者は「契約数が重要なのではなく、しかるべき選手と契約することが重要なのだ」と語ったとおり、プーマはこの北京オリンピック販売戦略で掲げた「ボルト効果」を活用し、アジア太平洋地域における市場で成功をおさめた。

　ところで、人はなぜスポーツをしたり、観たり、支えたりするのだろうか。100mを9秒で走ろうが10秒で走ろうが、いったい何の役に立つというのだろうか。また、苦労してボールを運んでバスケットの中に投げ入れたり、ネットが張られた四角い空間の中にボールを蹴り入れたりしたところで、それがいったい何になるのだろうか。

資料1-1　ウサイン・セント・レオ・ボルト

資料1-2　米人ドット氏発明の測定器（1932年）

　しかし、人間はそうしたやってもやらなくてもよいことに情熱を燃やしてスポーツに取り組んできたのである。まさしくスポーツそのものは遊びであり、何も生み出さない非生産的な活動ともいえる。オリンピックという競争システムの中で、厳格な順位づけによる関連

性（オリンピックの標語「より速く、より高く、より強く」）が重視されることから、トップの成績を収めた選手には希少性とういう経済的価値が生まれ、この希少性は市場の原理によって貨幣に換算され、その結果シンボル化したウサイン・ボルト選手らが企業の広告媒体となって多額の報酬を得るのである。さらに、象徴価値を獲得した選手らがかかわることで、スポーツ商品のブランド価値は一層増大していくという現象が起りうるのである。

2. モノ・コト・行為の記号化——オスカー・ピストリウス選手の義足

　北京パラリンピックの陸上競技 T44（義足）クラスで、オスカー・レオナルド・カール・ピストリウス選手（南アフリカ共和国）は、100m、200m、400m において 3 冠を達成した。ピストリウス選手は、先天的に両足のすねの骨がなく、生後 11 カ月で膝から下を切断して両足が義足となった。彼は、運動能力が高く、幼い頃からサッカーやスポーツ全般を楽しみ、高校ではラグビー部で活躍していた。ある日、ラグビーの練習中に右膝を負傷して一日も早い復帰を目指してリハビリに取り組んでいた時、そのリハビリの一環としてスポーツ義足を付けて走るようになり、陸上スプリンターとして国内の障害者大会に出場して好成績を収めた。彼は、これを機に 2007 年 7 月、はじめて健常者の国際大会に出場し、400m ではスタートで出遅れたものの最後の直線で 6 人を抜き去り、2 位に入って世界を驚かせた。

資料 1-3　オスカー・レオナルド・カール・ピストリウス

　しかし、その一方では「義足はストライドを伸ばすのに役立ち、健常者よりも有利に働くため競技規則違反だ」との批判を浴びた。そして、国際陸上競技連盟（IAAF：International Association of Athletics Federations）は、同年「非使用者よりも有利になるバネや車輪など、人工的装置の使用は禁止する」という条項を競技規則に付加し、さらに、IAAF がピストリウス選手のレースを分析した結果、義足の方が蹴った力を効率的に推進力に使え、

乳酸等疲労物質による力のロスも少なく、健常者より有利という見解を発表した。この IAAF の見解に対し、ピストリウス選手は、「義足はスターティングブロックが使えず、コーナーでは不安定で減速を余儀なくされ、総合的に見れば健常者に比べると有利ではない」と反論したが、IAAF は分析結果を根拠に、北京オリンピックを含む IAAF 主催の国際大会への出場資格はないと決定を下した。

　ピストリウス選手は、「不正をしてまで健常者と戦うつもりはない。もし本当に義足の有利性が証明された時は走るのを辞める。だが、この研究は不十分であり、現段階では IAAF の決定には納得できない。夢の実現のために戦う。」と宣言し、スポーツ仲裁裁判所（CAS：Court of Arbitration for Sport）に提訴した。その結果、2008 年 5 月 CAS は IAAF の見解を覆し、ピストリウスが健常者のレースに出場することを認める裁定を下した。

　そして、彼はスイスで行われた競技会で 400m に出場し、自己ベストのタイムで走り 3 位に入ったが、北京オリンピックの参加標準記録を突破することはできなかった。北京オリンピックの夢は破れたが、心機一転で臨んだ北京パラリンピックでは 3 冠を達成したのである。ピストリウス選手は「あんな大歓声の中で、一生忘れられないレースであった」と語った。

　その後、南アフリカ・オリンピック委員会は、2012 年 7 月 4 日ロンドンオリンピック陸上男子 400m および男子 4×400m リレーのメンバーとしてピストリウスを選出し、両脚が義足の陸上競技選手では初のオリンピックへの出場を果たした。さらに、同オリンピック閉幕後に開催されたロンドンパラリンピックでは、陸上男子 100m、200m、400m、4×100m リレーのメンバーにも選出され、義足の陸上競技選手では初めて、オリンピック・パラリンピックの双方に出場したのである。

　コト・モノや行為は、それが持つ本来的な有用性、すなわち現在の使用価値以上に、あるシステムの中で機能する象徴価値や交換価値によって、その存在の意味を主張するようになったのである。カーボン製の義足は、それが備える実用性以上に健常者との関連性において記号的に主張するコト・モノや行為の意味や価値が認識されるという、現代社会における特異な現象でもあった。

3. 終わりのない差異の追求──ウィンブルドン方式

　テニスに必要なルール的要素は、すでに 16 世紀に用意されていた。初期に屋外で行われたロングポームも多かれ少なかれ騒々しさを伴うものであったが、リバウンド用の囲い壁が設けられるなどして、時代の人気はしだいにシュー・ド・ポームへと向かい、ついには専用の屋内ポーム場の設置まで至った。このシュー・ド・ポームがフランスで衰退の道を辿った後、イギリスのウングフィールド少佐は、シュー・ド・ポームで用いられる用語、技法、得点の数え方などを採用したローンテニスを復活させた。

　ローンテニスは、しかるべき野原にネットを張ってラインを引けば、どこでもテニスができるというもので、そのネットはテント用の木製のポールを立て、2 本のロープで引っ張り、木製のペグで固定するという大変簡単なものであった。軽くて持ち運びが楽で、野原のどこ

でも簡単にセットできるこの商品は注目され、これがきっかけとなってローンテニスの公認ルールを検討する委員会が組織された。ルールを統一するということは、スポーツを規格化することである。例えば、ローンテニスは、1877年の第1回ウィンブルドン選手権開催にあたって、いわゆるウィンブルドン・ルールが公表された（ルールブック、簡易移動式ネット、ラケット、ボールをワンセットにした「新商品」として実用新案特許を申請）。

このルールに基づいて大会が運営され、これが「固定ルール」となってイギリスに広まっていったのである。やがて、このウィンブルドンの「固定ルール」が若干の訂正が加えられ、「国内ルール」として承認された。そして、イギリス全土どこに行ってもローンテニスの試合は統一された「国内ルール」に基づいてプレーされるようになった。したがって、テニスコートの大きさも、ネットの高さも、ボールの大きさや弾性も、ポイントの数え方も、コールの仕方も、すべて統一されたのである。こうした規格化は他のスポーツにもあてはまるものであり、ルールの統一と用具の規格化は同時に進行していったのである。

資料1-4　ウィンブルドンセンターコート

このように洗練された今日的なスポーツへと発展を遂げていった理由には、ローンテニスは自らがやっても、外から眺めても面白いといった、ゲームとしての魅力（面白さと楽しさ）を保障するために、競技ルールの考案者たちが独自の判断により、必要に応じてルールを書き換えていったからである。まさしく、ローンテニスの展開の仕方を規定する仕組みそのものの背後にあるものは、興趣の増大を誇るための形式の模索だったのである。いいかえれば、それ自体としては意味のない形式の良し悪しをめぐる不断にして終わりのない差異の追求の営みということができる。このことは近代スポーツを支えるすべてのルールにつ

いていえるのではなかろうか。

4. 経済の原則——大阪近鉄バッファローズの存続理由

　2004年、大阪近鉄バファローズは、球団および近鉄グループの経営難からオリックス・ブルーウェーブの運営会社（「オリックス野球クラブ」）に営業譲渡し、2005年3月末に解散した。職員の大半はオリックス野球クラブ、一部は楽天野球団に移り、選手は分配ドラフトによってオリックス・バファローズと新球団の東北楽天ゴールデンイーグルスに配分された。

　プロスポーツというのは、誰かがお金を払ってくれることで初めて成り立つものである。では誰がお金を払ってくれるのか。野球場に行ったことのない、あるいは今後も行く気のない人たちは、もちろんお金は出さない。しかし、阪神巨人戦では、甲子園球場は満員の観客で溢れている。この場合、少なくとも野球ファンがお金を出し合って、球団を支えているのである。つまり、お金を払っても見たいという魅力が、特に阪神巨人戦にはあるのである。ケーブルテレビ放送「GAORA」では、トップ&リレー中継と完全ノーカット録画中継があり、さらにサンテレビによって試合終了まで全試合を中継しているにもかかわらず、球場に出向くファンが大勢いる。まさしく需要があるから商売が成り立つといった経済の原則に沿ったもので、これがプロスポーツの望ましいあり方なのである。

資料 1-5　藤井寺球場

資料 1-6　甲子園球場

　読売巨人を中心としたセントラル・リーグに人気の点で水をあけられているパシフィック・リーグに所属していた近鉄球団にも固有の歴史がある。甲子園球場の開場は1924年、阪神タイガースの創設は1935年の暮れであり、藤井寺球場の開場は1928年、近鉄球団の前身である近鉄パールスは、第2次世界大戦敗戦後の1949年に設立されている。そして、2つの球場は、当初からチームづくりと球場の建設とが並行して進められた興業場でなく、自社鉄道の沿線住民が参加するためのスポーツ施設として作られたのである。とりわけ、敗戦から高度成長にかけての時代であったからこそ、都市独自の球団が誕生し成長してきたといえる。捕鯨という漁業とホエールズという球団の誕生、広島の被爆と復興の歴史は市民

球団カープというチームを生み出し、私鉄が都市の成長と大きく関わりながら、鉄道会社によって設置されたチームとしての象徴が半世紀も続いた歴史でもあった。

しかし、どの時代であっても観客数が数えられるようなプロ野球の試合は、その存在理由を根本的に考え直す必要がある。つまり、支える人がいなくなった場合、そうなると無理をしてお金を工面してこない限り、経営が成り立たないのである。近鉄も本業の部門でいくら稼いでも、敢えて損出を出す部門（赤字球団）に資金を投入することは許されなかったはずである。

一般的な社会では、ある団体がよい結果を残したり、優れたパフォーマンスを見せつけたりして、そのことが続いていくと、人気は自然に上昇していくものである。しかし、日本シリーズであれほど力のあるところを見せつけてもパシフィック・リーグの球団には、その効果は少なかったといえる。そのため、パシフィック・リーグの試合をぜひ観たいという人がそれほど多くなかったため、地上波テレビでの放映がほとんどされず、スポンサーもつかなかったのである。

支える大勢の人間がいなくても文化的価値が認められる場合は、その存続に経済原則はあてはまらない。プロスポーツであっても存続させるだけの積極的な理由としての文化的価値が見出されていれば別であるが、そのような価値が認められない場合は、どうしたら大量の観客が動員できるかということなど、知恵をしぼり、新たな価値を見出していかなければ存続し得ないのである。

Ⅱ．スポーツの本質とは

1．面白くないスポーツはなくなる

近代スポーツ以前は、洗練された今日的なルールがなかった。運動遊びともいえるスポーツの基本的な属性で考えてみると、ルールの単純さと複雑な違いはあれ、勝ち負けを決めることを目的に行なわるゲームでは、その意味においては遊びとして捉えることができる。子どもの運動遊びには、幼児期のボールつき、石蹴り遊び、走りっこ、お手玉、けん玉などがある。そして、児童期になると鬼ごっこ、ジャンケン遊び、リレーごっこといったゲーム的な遊びとなり、さらにドッチボール遊び（ネット型）、ベースボール遊び（ベースボール型）、サッカー遊び（ゴール型）といったスポーツ的なゲームへと展開されていく。このように多種多様な形態をとる運動遊びの特徴は、勝ち負けを決める仕組みを持つ最も単純でプロトタイプな遊びがじゃんけん（あらかじめ決められた手指の動作をして勝ち負けを決める遊び）であり、スポーツも同じルールの構造から成り立っているといえる。遊びとしてのスポーツもまた多種多様であり、1896 年に初めて近代オリンピック大会がギリシャのアテネで開催された時、対象となったスポーツは 8 種目、2004 年に再びアテネを舞台として開催された時は、28 種目と 3 倍以上に増えたように、ある特定の国や地域においてのみ行われる民族スポーツなど、世界中には数えきれないほどの多くの種目が存在している。このようにスポーツの基本的な属性における分類は必然的に多様であるが、スポーツの共通の本質的

な属性とは何かというと、やはり「遊び」と「競争」であるということができる。

　遊びとは、やってもやらなくてもよいものである。前述したように、人間はやってもやらなくてもよいことに情熱を燃やして取り組んできた。そして、人間は面白さと楽しさを求めて遊びを受け入れてきたのである。中世社会を描いた多くの絵画に、数多くの運動遊びが登場している。洋の東西を問わず、この時代の人々は家の中にいても何もすることがなく、そのため戸外に出て楽しく遊んでいた。庶民や子どもがどのような形式において運動遊びをしていたのかは明らかではないが、例えば 16 世紀の画家ブリューゲルの「子供の遊戯」では、ネーデルランドの子供たちの遊びが 96 種ほど描かれているといわれている。また 12 世紀のわが国でも、狩野探幽筆「鳥獣戯画等絵巻」にその遊びの数々が描かれていることから、遊びこそ人間という存在の根本を支えてきたとされている。遊びというのは、その意味や価値を認める人だけがするものであり、つまり遊びたい人だけが遊べばよいものである。そして、その場合面白さを欠いた遊びは、この世に存在しないのである。もちろん遊びとしてのスポーツも同様である。したがって、どんな運動遊びやスポーツも、その勝ち負けを決める仕組み（ルールの機能や構造）を認識し、一般的にある二律背反（簡単に点が入っても、なかなか点が入らないのも困る。個々の応酬局面が簡単に終わっても、なかなか点が入いらないのも困る）に対応すべく、観ても行なっても面白い、楽しいといった観点から常にその仕組みを改変していくことが、運動遊びやスポーツに存在価値を与える原点となるのである。

資料 1-7　ブリューゲル「子供の遊戯」　　　資料 1-8　鳥獣戯画等絵巻　狩野探幽筆

2．ホモ・スポルデュースへ

　スポーツは、個人の自由の領域での「遊び」といえる。文学、音楽、絵画、それにもちろん「スポーツ」もその「遊び」の代表的な存在である。遊びとは、やってもやらなくてもよいものであり、それゆえやらなくても社会が困ることのないもの、すなわち、それがスポーツである。ではなぜ人間は、スポーツをするのか。それはスポーツを自らやって面白い、楽しい、それと同時に、外から眺めても面白いからである。人間は、公正とか正義とかの道徳的価値を求めてスポーツをするのではなく、この「面白さ」を得るためにスポーツをするの

である。そして、人間は客観的に観てやってもやらなくてもよいことに、文学、音楽、絵画やスポーツといったすべての文化的活動に確たる意志をもって、また明確な価値を見出して取り組んできた。その一定の価値観に支えられた、確たる意志とはいったい、どのようなところから生まれてくるのだろうか。

　それは、人間が言葉の獲得により高度に抽象的な思考を介すことを可能にしたことで得た、人間特有の普遍的シンボル能力（単に言語能力とか言語活動ではなく、描く・歌う・話す・書く、または時間・空間距離を作る抽象化能力）であるといえる。1800 年南フランスのサン・セルナン村近くの森から捕獲された森の中で動物と共に育ったアヴェロンの野生児を例にしても明らかである。捕獲後、彼を正常な人間に戻すための教育を行なったが、結果として本能的能力（直立二足歩行、手を使う能力、幼態成熟（ネオトニー）を得ることはできたが、人間が営む社会生活や言語生活の中でしか現れることのない潜在的能力であるシンボル化能力は得ることはできなかったという。動物たちは人間とは違って、本能の命ずるままに充足と不足の世界を生きているからである。しかし、人間は今日昨日よりも速く走りたいとか、明日はもっと良い結果を残したいと願い、無限の連続幅をもつ価値のある部分を切り取って「よい」とか「よりよい」とかを考えるのである。このように途切れることのなく流れる時間を区切って昨日よりも、今日、明日といえるのは、まさしくシンボル化能力を持ち得ているからである。

　科学の世界における発見や発明も、芸術の世界における新技法の開発も、前述のウサイン・ボルト選手のスポーツにおける新記録の樹立も同様に、すべては限界の壁を超える歴史の一コマを構成するもので、予見・計画に基づいて未来の行動をイメージすることが可能となって生まれた欲求の産物なのである。ホモ・ロクエンス（言語人）は、ホモ・ファベル（工作人）以外にホモ・ルーデンス（遊戯人）ともホモ・スポルディヴス（スポーツ人）ともなり、自然のプログラムにはない遊びの文化、スポーツ文化を形成するに至ったのである。

3. マネジメントの重要性

　我々は、高度な競争的な社会の中で生きている。したがって、人間は、富・人気・社会的威信・衣装・学業成績・ゴルフのスコアなど、他の人を抜こうとする競争社会で生活しているのである。しかし、動物たちは、お互いに食物や指導権のために戦うが、人間のように食物や指導権に代わるもののために戦うことはしない。それに代わるものとは、富の紙記号（紙幣、債権、権利書）、勲章、好みの数字ナンバープレートなど、人々は社会的優位性を示すと思われているものに価値を見出しているのである。動物たちにとっては、何者かが他の何者かに代わる関係ということは、非常に初歩的な形以外では存在しないのである。

　人間は、このシンボル化能力によってモノ・コト・行為はさらに記号化の方向をたどり、その結果、モノ・コト・行為は、それが持つ本来的な有用性、すなわち現実の使用価値以上にあるシステムの中で機能する象徴価値や交換価値によって、その存在の意味を主張することになる。これは、例えば自動車というものの成功が消費者心理の理解（マーケティングコンセプトの差異）にかかわっていたという歴史をみれば明らかである。19 世紀初頭、ヘ

ンリー・フォードは、実用性（運転しやすく、壊れにくく修理が簡単）や大衆性（価格が安く、黒一色で飾りが少ない）というT型フォードの開発・生産にあたり、「大衆の足」と位置づける新しい発想によって大衆自動車市場を創造した。しかし、1920年代の半ばT型フォードは、市場の新しい動向についていくことができず生産中止に追い込まれた。その最大の要因は、消費者が価格以外の魅力や実用性以外の品質を求めはじめたからである。この消費者心理の変化にいち早く気づき成功を収めたのが、ライバル会社のGMである。GMのアルフレッド・R・スローンは、消費社会においては、はじめは均一の量産製品に満足するが、やがては他人と差のつく商品を求める機運が生まれることに注目していた。そして、現代社会の中にあって、人は自分の所有するもの、それが洋服、ネクタイ、ライターであれ、住む家、乗っている車であれ、それによりその人の社会的地位を人目にさらすことになるとして、自動車が成功の証やステータスのシンボルであることを改めて訴え、新たな大衆高級車市場を創造したのである。まさしく歴史は、新しいコンセプトの登場をまっていたといえる。成熟した社会では、モノからコトへの欲求へと変化しており、ますます記号と化したモノやコトは実態でなく関係としてのシステム、つまりは他のモノやコトとは違うという関係性においてこそ、その意味を持つようになったのである。

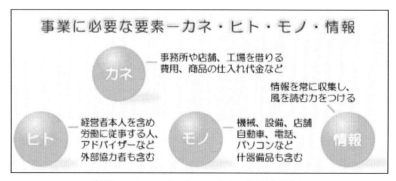

資料1-9　マネジメントに必要な要素

資料1-10　フォード・T型モデル

最後に文部科学省は、「スポーツは、人生をより豊かにし、充実したものとするとともに、人間の身体的・精神的な欲求に応える世界共通の人類の文化の一つである」（スポーツ振興基本計画 2002 年）と位置づけている。スポーツは、「する文化」の域を超え、「スポーツを観る」「スポーツを支える」といった人々は、スポーツと多様なかかわりを持ちながら、スポーツの楽しさ・喜び、感動を味わい自己実現を図ると共に、スポーツ科学の発展により身体的・精神的・社会的な効果を得て、その社会経済的・文化的価値を享受するようになってきたのである。スポーツにおいても、もはやマネジメントいうソフトウェアなしでは成立しない時代が到来したといえる。

【展開課題①】

- スポーツの原点とは何か。
- なぜ人間はスポーツをするのか。

【関連資料①】
スポーツ庁設置法が成立、10月発足　五輪選手強化

　文部科学省の外局としてスポーツ行政を一元的に担う「スポーツ庁」の設置法が13日の参院本会議で可決、成立した。政府はスポーツ庁を10月1日に設置し、2020年東京五輪・パラリンピックに向けた選手強化、スポーツを通じた地域振興や国際交流に取り組む。初代の長官には、元運動選手を含む民間人からの起用が浮上している。

　スポーツ庁は文科省の「スポーツ・青少年局」を母体に、運動施設を整備する国土交通省や、健康増進事業を進める厚生労働省などの関連部署を統合する。職員は120人規模になる。

　長官の下に次長と審議官を配置する。選手強化の拠点整備を担う競技力向上課や、指導者の海外派遣を支援するスポーツ国際課など5課を置く。有識者が政策方針を議論するスポーツ審議会も設ける。

　初代長官について、任命権を持つ下村博文文科相は「スポーツに精通し、リーダーシップとガバナンス能力を備えた人材から選ぶ」との考えを示している。

　スポーツ庁とは別に、東京五輪の開催準備に当たる専任担当相を新設する特別措置法案は今国会で成立する見込み。五輪担当相は治安・テロ対策、交通網整備など大会開催に関する課題の総合調整を担う。

（「日本経済新聞社」2015年5月13日）

スポーツ庁初代長官に鈴木大地氏　政府決定
ソウル五輪100メートル背泳ぎの金メダリスト

　政府は11日の閣議で、文部科学省の外局として10月1日に発足するスポーツ庁の初代長官に、日本水泳連盟会長の鈴木大地氏を起用する人事を決めた。同庁は2020年東京五輪・パラリンピックに向けた強化活動や、スポーツの振興に関する施策を担う。鈴木氏は1988年ソウル五輪100メートル背泳ぎの金メダリスト。10月1日に発令する。

　菅義偉官房長官は閣議後の記者会見で、鈴木氏について「スポーツ全般に関して、優れた高い実績と識見を有する。スポーツ行政の顔として大きく活躍するのを期待する」と語った。

　鈴木大地氏（すずき・だいち）93年（平5年）順天堂大院修了、13年順大教授、日本水泳連盟会長。千葉県出身、48歳。

（「日本経済新聞社」2015年9月11日）

第2章 スポーツマネジメントの基礎理論

1. スポーツマネジメントとは

「スポーツマネジメント」とは、いったいどのような学問なのか。スポーツマネジメントに限らず、スポーツに関する学問は、多岐にわたっている。例えば、「スポーツ経営学」(Sport Management)、「レクレーション管理」(Recreation Management)、「競技トレーニング」(Athletic Training)、「運動生理学」(Kinesiology)、「スポーツコーチング」(Sport Coaching)など、数多くの科目があげられる。そこで、こうした科目の学問分野を大きく分類してみると、次の3つの領域に分類することができる。

● スポーツを「医学」として捉える
● スポーツを「人材育成」として捉える
● スポーツを「経済活動」として捉える

上記の分類によると、「競技トレーニング」や「運動生理学」は、スポーツを「医学」として捉えた学問といえる。スポーツを医学としの視点から捉え、傷害予防の知識と技術を学ぶことができる代表的な学問が「競技トレーニング」であり、身体活動のメカニズムを分析し、より効果的で安全な身体活動を多面的に学ぶことができる学問が「運動生理学」である。スポーツにはケガがつきものであり、競技のレベルが高くなればなるほど、選手に求められる体力、スキルもより高度なものが要求され、それと同時にケガなどのリスクは高くなるのである。

多くのトップアスリートたちは、傷害と紙一重のところでプレーしており、また多くの偉大な選手がケガによって引退を余儀なくされてきたことから、「競技トレーニング」や「運動生理学」といった学問は、ケガを予防し、より安全で効果的な身体活動をサポートする学問領域といえる。

また「スポーツコーチング」は、スポーツを「人材育成」として捉えた学問領域といえる。チームが勝利を収めるためには、洗練された戦略、戦術を構築し、それを理解して実践する優秀な人材が必要不可欠である。このうちのどちらかが欠けても、勝利をつかむことは困難となり、スポーツチームにおいて、統一された戦略、戦術を発揮し、選手を育成していくことがコーチの役割である。コーチは、選手の才能を開花させるために、選手から自発的な向上心を引き出す必要があり、そのためには選手一人ひとりの性格、時に応じた心理状態やコンディションを的確に把握する術を身につけ、効果的なコミュニケーションを図る知識が必要となる。こうした、スポーツを人材育成の観点から捉え、選手との効果的なコミュニケーションに必要な知識、技術を学ぶことができる代表的な学問が「スポーツコーチング」なのである。

「スポーツ経営学」は、スポーツを「経済活動」として捉えた学問領域である。今やスポ

ーツは、サッカーワールドカップ、オリンピックなどのメガスポーツイベントに代表される
ように巨額のお金が動く一大マーケットが形成されている。したがって、このようなスポー
ツが莫大なお金を動かす経済活動である以上、それをビジネスとして認識し、成功させる専
門的な知識が必要不可欠といえる。

　以上のように、スポーツを「医学」「人材育成」「経済活動」として捉えると、スポーツ組
織の経営者を養成することを目的とした「スポーツマネジメント」には、これら 3 つの学問
領域が必要とされるのである。

2. スポーツマネジメントの成立

　スポーツマネジメントは、スポーツにおけるマネジメントに関して教育と研究を行なう
分野であり、歴史的にみると比較的新しい学問分野である。スポーツマネジメントの起源は、
1957 年、当時ブルックリン・ドジャーズ（現ロサンゼルス・ドジャーズ）のオーナーであ
ったウォルター・オマリー（Walter Francis O'Malley, 1903-1979）氏がマイアミ大学のジ
ェイムズ・メイソン教授にスポーツビジネスについて学べるプログラムを大学に作ってほ
しいと語ったのが起源といわれている。その後、マイアミ大学ではそのプログラムは実現さ
れなかったが、これを実現すべく大学ではじめてスポーツマネジメントのカリキュラムを
設置したのは、オハイオ大学のスポーツマネジメント修士コース（1966 年）であった。同
大学は、スポーツをビジネスとして捉える専門家養成の必要性から「スポーツアドミニスト
レーション」といった新しいプログラムを展開し、その後 1971 年に州立マサチューセッツ
大学に全米 2 番目の修士コースが設けられた。

　実際、アメリカの大学においてスポーツマネジメントプログラムが急速に発展をみせた
のは、1987 年の北米スポーツマネジメント学会（NASSM : North American Society for
Sports Management）の発足がきっかけである。それ以降、多くの大学にスポーツマネジ
メントの学科やコースが設置されはじめ、現在では北米だけで 200 以上の大学にスポーツ
マネジメント関連の学科やコースが設けられている。

　一方、ドイツにおいてはスポーツにおける経済現象の観点から、「スポーツ経済学」の枠
組においてスポーツマネジメントを捉え、バイロイト大学に初めて「スポーツ経済学士」コ
ースが設置された。その後 1994 年にヨーロッパスポーツマネジメント学会（EASM :
European Association for Sport Management）が発足し、またオーストラリアとニュージ
ーランドでは、1998 年にオーストラリア・ニュージーランドスポーツマネジメント学会
（SMAANZ : Sport Management Association of Australia and New Zealand）が、さらに
アジアでは、2002 年にアジアスポーツマネジメント学会（AASM : Asian Association for
Sport Management）が設立され、スポーツマネジメントが注目されるようになった。

3. 北米におけるスポーツマネジメントプログラム

　今日のスポーツマネジメントと呼ばれる学問領域の起源は、世界各国においても、体育の
組織および管理にあった。アメリカやカナダにおけるスポーツマネジメントも例外でなく、

体育の組織および管理という領域での主な教育・研究は、教育機関におけるスポーツ施設の管理、スポーツ関連用具の購入と管理、そしてスポーツイベントの組織・運営などの「体育教育」に限定されていた。

現在では、その教育・研究の対象は「体育教育」に限定されることなく、スポーツクラブ、カレッジスポーツ、そしてプロスポーツなど、スポーツ全般に広がっており、研究領域もマーケティング、財務管理学、法律学、そして企業倫理学などが加わり、スポーツマネジメントにおける教育・研究がさまざまな角度から取り組まれる必要性がでてきた。

北米におけるスポーツマネジメントの発展としては、以下の実践と研究の 2 つの視点から捉えることができる。

①プロフェッショナルスポーツのマネジャーを育成する

1966 年に元プロフェッショナルスポーツ・フランチャイズのオーナーであった Dr. Mason が、北米における最初の「スポーツマネジメントプログラム」をオハイオ大学に導入したことがきっかけとなり、大学におけるスポーツマネジメントの実践者を育成するプログラムが増え始めた。

②理論的な研究を遂行できる研究者を育成する

1960 年代から 1970 年代にかけて Dr. Zeigler と彼の学生たちが中心となって理論的な考え方を導入したテキストブック「Administrative Theory and Practice in Physical Education and Athletics」の発行がきっかけとなり、理論的な研究を遂行できる研究者の育成に結びついていった。

スポーツマネジメントのその後の成長は、特に 1980 年代中頃以降の 15 年間で急激に成長を遂げ、アメリカでは、1985 年には 83 の大学、1988 年には 109 大学とスポーツマネジメントプログラムを保有する大学数が増えはじめた。また、カナダでは、アメリカほどの急速な増加はみられなかったが、1990 年には、6 つの学部、9 つの修士、3 つの博士でスポーツマネジメントプログラムが確認されている。

スポーツマネジメントの学士・修士課程における学習領域は、主に以下の 8 つのカテゴリーから分類されており、「スポーツに関するマネジメント・リーダーシップと組織」（Management Leadership and Organization in Sport）、「スポーツに関する調査・研究方法」（Research in Sport）、「スポーツ法学」（Legal Aspects of Sport）、「スポーツマーケティング」（Marketing in Sport）などの領域に関するプログラムが多数開講されているのが現状である。

①スポーツに関するマネジメント・リーダーシップと組織

この領域では、組織論、組織行動、そして人的資源のマネジメントなどが含まれている。特に、スポーツ組織における目標設定の方法、その目標達成へ向けてどのようにして組織構成員の動機を高められるか、そしてその目標を達成するために組織全体を効率良く動かす

方法について学習する。

②スポーツに関する調査・研究方法

　この領域では、研究方法、研究計画、そして基本的な統計学などが含まれている。さまざまな研究方法をそれぞれ理解し、現在のスポーツマネジメント研究を分析、評価できる能力を習得することを目的とする。

③スポーツ法学

　この領域では、アマチュアスポーツ法、プロフェッショナルスポーツ法、そしてスポーツに関する労働法などが含まれている。スポーツに関する法的概念を学び、また法的規制がスポーツ組織にどのように適用されているのかを理解することを目的とする。

④スポーツマーケティング

　この領域では、消費者行動、スポーツマーケティング、そしてマーケティングリサーチなどが含まれている。マーケティング戦略を立案するための情報収集に必要なマーケティングリサーチについて学習することを目的とする。

⑤社会の動向とスポーツビジネス

　この領域では、スポーツに影響を与える政治的、社会的、経済的、そして歴史的な要因について学習し、このような要因からスポーツを取り巻く環境動向を把握し、スポーツ組織の今後を予測する能力を習得することを目的とする。

⑥スポーツにおける財務管理

　この領域では、スポーツビジネスにおける税金制度、会計、そして予算の組み立て、資金の調達方法などが含まれる。

⑦スポーツマネジメントにおける倫理

　この領域では、ビジネス倫理、スポーツ倫理、そしてスポーツ哲学などが含まれる。倫理がスポーツにどうのように影響を与えているのかについて理解することを目的とする。

⑧スポーツマネジメントの実践

　この領域では、大学内外のスポーツマネジメント現場での実践などが含まれている。実践で必要な基礎的な技能を身に付けることを目的とする。

Sport Management Programs	%
● Management Leadership and Organization in Sport	97
● Research in Sport	74
● Legal Aspects of Sport	83
● Marketing in Sport	74
● Sport Business in the Social Context	37
● Financial Management in Sport	51
● Ethics in Sport Management	51
● Field Experience in Sport	29

資料 2-1　スポーツマネジメントプログラムの領域と開講率

```
北米におけるスポーツマネジメントプログラム（学士課程）
● Behavioral Dimensions in Sport
● Management and Organizational Skill in Sport
● Ethics in Sport Management
● Marketing in Sport
● Communication in Sport
● Finance in Sport
● Economics in Sport
● Legal Aspects of Sport
● Governance in Sport
● Field Experience in Sport
```

資料 2-2　北米におけるスポーツマネジメントプログラム

出所：池田勝、守能信次編―菊池秀夫「スポーツの経営学」杏林書院、1999 年より作成

4.　ドイツにおけるスポーツマネジメントプログラム

　ドイツでは、スポーツを経済の一領域としての「スポーツ経済学」の枠組みとして捉えており、1988 年にミクロ経済学的観点からの「Sport-ökonomie（スポーツ経済学）」シリーズが出版され、基礎的な研究が蓄積されてきた。その背景として、①国民が積極的にスポーツに関わる現実が存在しており（国民の約 3 割がスポーツ連盟に加入）、国の財政難によってクラブへの援助が減少し、多くのスポーツクラブが経済危機に陥っていること、②様々な企業がスポーツのイメージを市場拡大ないし企業戦略のために利用し、そのことでスポーツの主体を確保することが困難になっていること、③余暇社会への進展が人間として質の高い生活を求める中で、施設設備や用具、衣服、サービスに対する欲求が高まっていること、④スポーツのプロ化と商業化の進展などにより、商品としてのスポーツが直接的・間接的に市場化された現実に対して、スポーツ経済学がこれに応える学問として捉えられている。したがって、ドイツではスポーツと経済との関わりにおいて「スポーツ経済」「スポーツマネジメント」「一般的な科学的分野」「経済学専門からのスポーツへのアプローチ」の 4 つのプログラムから構成されている。

　ドイツのスポーツ基盤が地域に重きをおくクラブに至ることを反映して、スポーツマネジメント関連のプログラムが柱となっている。ちなみに、ケルンスポーツ大学のプログラムでは、以下のような「スポーツ経済・マネジメント」「スポーツ法学」「スポーツと健康の社会経済学」の 3 つの柱から成っている。

①スポーツ経済・マネジメント

・スポーツの国民経済的視点

・スポーツ経営学

・スポーツマネジメント

・スポーツマーケティング

・スポーツ財政学

・スポーツ施設マネジメント、スポーツスポンサー、個人のマネジメント技術、イベントマネジメントなど

②スポーツ法学
③スポーツと健康の社会経済学

　以上、ドイツにおいても「スポーツのプロ化・商業化」「経済的重要性が無視できなくなっている」現実の中では、スポーツ分野からの多様なアプローチが必要とされており、経済現象の研究からスポーツの本質を捉えるという方向性から、アメリカやカナダのような経営管理の一つとしてスポーツが扱われるようになってきた。

5. わが国におけるスポーツマネジメント

　わが国において、スポーツマネジメントへ向けた実質的な働きが始まったのは、スポーツ産業が注目されるようになった 1980 年代後半から 1990 年代であった。そこでは、「スポーツ産業論」「スポーツマーケティング」「スポーツマネジメント」がスポーツの新しい教育・研究領域として捉えられ、1990 年に日本スポーツ産業学会（JSSI : Japan Association for Sport Management）が発足し、その後 2007 年に日本スポーツマネジメン学会（JASM : Japanese Association for Sport Management）が設立され、大学ではスポーツマネジメントのコースや学科が設置された。特にこれらの学会が設立される以前は、学校体育や行政サービス分野を中心とする体育・スポーツ経営学を一環としての認識において教育・研究がなされていたのが現状であった。

スポーツ研究（科学）	企業経営学
スポーツの組織と経営管理	会計学
スポーツ史	経済学
スポーツ哲学	財政学
スポーツ人類学	法律
スポーツ社会学	経営管理学
スポーツ心理学	行政学
生理学	マーケティング
解剖学	その他
スポーツバイオメカニクス	
体力測定学	
その他	

資料 2-3　スポーツ経営を成立させる研究基盤

　このようにスポーツマネジメントが注目されるようになった理由としては、スポーツ産業の発展にともない、個々の企業がさまざまなスポーツ事業を営むようになり、それに必要な人材が求められるようになってきたことがあげられる。また、それと同時にスポーツマネジメントにおける知識・技術の集積と体系化への学問的な関心も高まってきたことも、スポ

- 26 -

ーツマネジメントが成立する大きな要因ともいえる。そして、新しい教育・研究領域である
スポーツマネジメントの発展には、スポーツ研究（スポーツの組織と経営管理をはじめ、ス
ポーツ史、スポーツ哲学など）と企業経営研究（会計学、経済学、財政学など）という2つ
の分野を中心として、その他の広範な研究領域からの知見を取り入れていくことが不可欠
であり、その過程でスポーツマネジメントの独自性が生まれてくるといえよう。

【展開課題②】

- スポーツマネジメントとはどのような学問か。
- スポーツマネジメントはなぜ必要なのか。

【関連資料②】
スポーツ界最大の課題、プロ経営者を育てよう

日本のスポーツの最大の課題は何だろうか。チームやリーグ、そして競技団体（NF）の価値の最大化を目指す人材が乏しいことだと思っている。企業経営なら当たり前の考え方が通用しない。メダルの獲得やチーム・選手の強化にこだわる者は多いが、組織全体を財務面から整え、ガバナンス（統治）を強化し、持続的に発展させることを目標に掲げるリーダーは今でも数少ない。「結果（勝利）さえ残せばすべてうまくいく」と無自覚に思い込んでいるトップのなんと多いことか。企業の支援のもとで活動し、自立の必要などない時代が長く続いたことの弊害だろう。

■経営人材育成に取り組むJリーグ

Jリーグの村井満チェアマンはリクルート出身。ビジネスマンとして約30年間、人事部や人材紹介会社などで一貫して人と組織の関係を見極める仕事をしてきた。その人事のプロフェッショナルがスポーツの世界に関わるようになって痛感したのはやはり「この業界には経営する人材の絶対数も力量も不足している」。その思いから、スポーツ界の経営人材の育成を目的とした社会人向け公開講座「Jリーグヒューマンキャピタル」（JHC）を立ち上げた。

今年5月に開講し、第1期生として43人が受講。Jリーグだけでなく、日本のスポーツ界全体に有能な経営者を送り出すことを目指している。過去にもゼネラルマネジャー（GM）育成などにスポーツ界が取り組むことはあったが、業界内の自前の人材に対する研修にとどまっていた。外部の異業種からこれほど広く経営人材を発掘しようとする試みはおそらく初めてだろう。

JHCは12月21日まで、来年の第2期生を募集している。

ホームページ（http://www.jhc-ritsumei.jp/）で、要項に従って課題リポートなどを提出してエントリーできる。どんなカリキュラムで、どんな人たちが応募するのか。募集説明会をのぞいてみた。

プロスポーツの世界での仕事を希望する若者が中心だろうと勝手に思っていたが、むしろ豊富な実務経験を持つ中高年の転身を想定している。職務経験がない応募者は書類選考の段階で落とされる。来年は定員35人、受講料は50万円（税別）。受講生になると東京都内で週2日、平日の夜に1コマ70分の授業を2コマ受ける。不定期だが週末には各地のJリーグ会場でのフィールドワークもあり、1年間で計200コマを提供する。第1期よりも実務的な内容を充実させてコマ数を倍増、定員は減らすことになった。

■クラブ経営の実践的なスキル習得

立命館大学がビジネススクール科目を提供。前半はクラブ経営に必要なマーケティングやファイナンス、IT戦略などの理論や知識、Jリーグの歴史や現状などを学ぶ。後半は、村井チェアマンやJクラブほかプロスポーツの現場経験者が講師となり、与えられた課題に対する解決策などを自らプレゼンテーションしたり議論したりする。かなりハードな内容

で、よほどの覚悟がないと脱落してしまいそうだ。

　今年の1期生は266人の応募があり、書類選考と3度の面接などで43人に絞った。面接では「クラブの社長になったら何を大切にして経営するか」とその場で問われ、8分間で考えをまとめ、4分間で語るという難問もあったという。

　受講生の選抜というよりも、新入社員の採用面接のようだが、それも当然か。1年目を修了すると、次はJリーグや各クラブに派遣され、現場でマネジメント経験を積む。2年目の実践研修を終えると、次のステップではもう経営幹部としての活躍が期待される。受講からその後の就業までつながっているのが、JHCの最大の特徴でもある。

　とはいうものの、今年の受講生で2年目に進むのは数人程度の見通し。受講生の平均年齢は38歳。会社経営やNPO法人代表、製造業や金融業、メディアなどで仕事を持っている社会人ばかりだ。転職など簡単にはできない。クラブ側も待遇などで好条件を提示できるわけもない。経営幹部といっても、J2のクラブには今でも無報酬のボランティアで務める社長さえいる。

　「1年に4、5人でも10年なら40、50人になる。すぐには無理な人も、将来に第二の人生を考えるときに力を貸してもらえればいい」と村井チェアマン。スポーツビジネスやクラブ経営に関心が高く、実践的なスキルを学んだ人材を将来に向けてスポーツ界がプールできることに価値があるのだという。

■経営のプロへの需要は急増する

　来秋にはプロバスケットボールのBリーグがスタートする。初代Jリーグチェアマンの川淵三郎氏が新リーグ誕生の立役者となり、トップにはJリーグ理事でもある大河正明氏が就いた。国内で96万人の登録競技者を持つサッカーと63万人のバスケットのプロリーグが事実上の提携関係となることは、今後の日本のスポーツを新たなステージに引き上げる可能性を秘めている。

　すでにBリーグ参加予定のチームからもJHCへ経営幹部候補の紹介を求めるオファーがあるそうだ。現在、Jリーグは3部（J3）までで50チームを超え、Bリーグも3部まで40チーム以上が参加する。サッカーとバスケット以外でも日本中で地域に根ざしたクラブチームは次々と生まれている。公益法人となった各競技団体も組織を健全に運営するためには経営のプロの手腕が必要だ。

　経営人材への需要が急増しそうな気配の一方で、チームも組織も財政基盤が脆弱で、優秀な人材など雇用できない現実がある。お金がないから人がいない。人がいないから稼げない。この悪循環を打破するためにも、スポーツ界から外部に広く門戸を開き、少しずつでも有能な経営者を確保し、育てていく地道な取り組みが重要になってくる。

（「日本経済新聞社」2015年12月18日　編集委員：北川和徳）

第3章 スポーツ消費者と消費行動

1. スポーツの市場

　近年、スポーツ市場への関心がますます高くなっている。その理由としては、労働時間の短縮による組織的な余暇活動の比重を高める生活様式がもたらされ、それが国内生産に占めるスポーツの重要さを増大させる傾向があるからである。また、条件さえ整えば採算のとれる分野であるスポーツは、国内外に広大な販路をもち、これが資本と事業者とを引きつけるからである。経済は、ますますスポーツに浸透してきており、労働時間の短縮、レジャー経済の台頭、スポーツ用品やスポーツ施設を扱う産業の拡大、地方公共団体による財政的介入の拡大、広告媒体としてのスポーツの国際的広がり、プロスポーツ選手の俸給の高騰、スポーツの経済的拡張にボランティアの仕事まで参画するなど、あらゆる面から第一級の重要性をもつ経済現象として捉えることができる。

　国内におけるスポーツの市場規模を示している代表的なものに、『レジャー白書』(財団法人社会経済生産性本部) がある。その 2013 年版によると余暇市場 (2012 年) は、64 兆 7272 億円で、その内スポーツ部門は、3 兆 9150 億円となっている。国民総支出比で 0.82%、民間最終消費支出の 1.35% を占めている。

　1990 年代初めは、スポーツ市場の成長が名目 GDP (国内総生産) の伸びより大きく、スポーツで経済が活性化するといった勢いが強く感じられた時期である。1980 年代には、生活の力点を「レジャー・余暇生活」に置く人がもっとも多くなり、東京ディズニーランドなどの各種テーマパークのオープンや総合保養地域整理法 (リゾート法) の施行により不動産投機ブームの中、大型施設や複合リゾート施設などの登場、スポーツ事業分野への新規参入による競争が激化するなど、商業スポーツ施設数の急激的な増加をもたらした。

　しかし、1993 年の日本経済新聞によると「フィットネスクラブ冬の時代と全面撤退」(1月 23 日)「バブル経済崩壊による施設の閉鎖統廃合」(3 月 25 日) といわれて以後、スポーツ市場規模では 1992 年をピークに減少を続けており、現在では 1980 年代後半の市場規模をも下回り、ピーク時の約 66% まで縮小している。

(単位：億円、%)

	2006年	2007年	2008年	2009年	2010年	2011年	2012年
国民総支出(A)	5,073,648	5,155,204	5,043,776	4,709,367	4,791,757	4,705,601	4,755,289
民間最終消費支出(B)	2,895,936	2,925,232	2,915,956	2,799,096	2,807,087	2,847,660	2,896,218
余暇市場(C)	791,750	745,980	726,890	694,500	679,750	649,410	647,272
スポーツ部門(D)	42,330	42,470	41,680	40,700	40,150	38,900	39,150
(D)÷(A)×100	0.83	0.82	0.83	0.86	0.84	0.83	0.82
(D)÷(B)×100	1.46	1.45	1.43	1.45	1.43	1.37	1.35
(D)÷(C)×100	5.35	5.69	5.73	5.86	5.91	5.99	6.05

2011年、2012年の「国民総支出」「民間最終消費支出」は名目の数値として計算。

資料 3-1 余暇市場の規模と推移

出所：財団法人社会経済生産性本部『レジャー白書 (2013)』をもとに作成

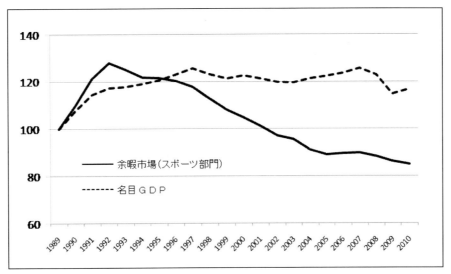

資料3-2　1989年を100とした余暇市場（スポーツ部門）と名目GDPの変化
出所：財団法人社会経済生産性本部『レジャー白書（2011)』をもとに作成

　余暇市場における4部門（スポーツ、趣味・創作、娯楽、観光・行楽）の市場規模をみてみると、最大のシェアを持つのが娯楽であり、市場全体の約65%を占めている。市場の推移においても4部門の構成比はあまり変わりがなく、全体の市場規模からするとスポーツのシェアはあまり大きくないといえる。しかし、部門間のシェアについては、各部門の項目のとり方で大きく変わってくるので注意が必要である。

　では、スポーツ市場の分類項目（球技スポーツ用品、山岳・海洋性スポーツ、その他のスポーツ用品、スポーツ服等、スポーツ施設・スクール、スポーツ観戦）における市場規模をみてみると、スポーツ施設・スクールがスポーツ市場全体の約50%と最も大きいシェアをもち、スポーツ観戦がもっとも小さいシェアとなっている。各部門における市場の推移をみてみると、全体の余暇市場におけるスポーツ市場規模の割合が低下していく中でも、その他のスポーツ用品とスポーツ服等は、スポーツ市場におけるシェアが大きくなっている。

(単位：億円,(%))

	1989(平成元年)	1993(平成5年)	1998(平成10年)	2003(平成15年)	2008(平成20年)	2009(平成21年)	2010(平成22年)
余暇市場	664,290 (100)	868,000 (100)	870,150 (100)	818,140 (100)	726,890 (100)	694,500 (100)	679,750 (100)
Ⅰスポーツ	47,280 (7.1)	59,170 (6.8)	53,300 (6.1)	45,250 (5.5)	41,680 (5.7)	40,700 (5.9)	40,150 (5.9)
1球技スポーツ用品	8,090 (17.1)	8,770 (14.8)	7,460 (14.0)	6,630 (14.7)	6,270 (15.0)	5,810 (14.3)	5,710 (14.2)
2山岳・海洋性スポーツ	7,900 (16.7)	10,060 (17.0)	9,430 (17.7)	7,010 (15.5)	6,270 (15.0)	6,130 (15.1)	6,070 (15.1)
3その他のスポーツ用品	2,590 (5.5)	3,240 (5.5)	3,200 (6.0)	3,440 (7.6)	3,650 (8.8)	3,960 (9.7)	4,000 (10.0)
4スポーツ服等	2,900 (6.1)	3,850 (6.5)	3,790 (7.1)	3,530 (7.8)	4,060 (9.7)	4,080 (10.0)	4,170 (10.4)
5スポーツ施設・スクール	24,780 (52.4)	31,850 (53.8)	28,160 (52.8)	23,300 (51.5)	20,080 (48.2)	19,270 (47.4)	18,810 (46.9)
6スポーツ観戦	1,020 (2.2)	1,400 (2.4)	1,260 (2.4)	1,340 (3.0)	1,350 (3.2)	1,450 (3.6)	1,390 (3.5)
Ⅱ趣味・創作	106,430 (16.0)	110,310 (12.7)	118,200 (13.6)	114,880 (14.0)	106,910 (14.7)	102,430 (14.8)	108,840 (16.0)
Ⅲ娯楽	404,540 (60.9)	578,780 (66.7)	585,030 (67.2)	553,150 (67.6)	474,050 (65.2)	457,130 (65.8)	435,610 (64.1)
Ⅳ観光・行楽	106,040 (16.0)	119,740 (13.8)	113,620 (13.1)	104,860 (12.8)	104,250 (14.3)	94,240 (13.6)	95,150 (14.0)

資料3-3　スポーツ市場の分類項目における市場の推移
出所：財団法人社会経済生産性本部『レジャー白書（2011)』をもとに作成

さらに、スポーツ市場の細分類項目における市場の推移を確認してみると、その他のスポーツ用品では、スポーツ自転車、スポーツ服等ではスポーツシューズの市場規模の拡大が部門間のシェアに影響を与えていたといえる。同時に、分類項目で市場規模が低下したか、または変化が見受けられなかったものでも、細分類項目でみると市場規模が大きくなっているものもある。例えば、球技スポーツ用品の野球・ソフトボール、山岳・海洋性スポーツ用品の登山・キャンプ用品、スポーツ施設・スクールのフィットネスクラブがあげられる。ここでは、スポーツ市場の規模や推移から一般的な傾向について概説することにとどめておきたい。

（単位：億円，（％））

	1989（平成元年）	1993（平成5年）	1998（平成10年）	2003（平成15年）	2008（平成20年）	2009（平成21年）	2010（平成22年）
スポーツ市場	93,540 (100)	116,940 (100)	105,340 (100)	89,160 (100)	82,010 (100)	79,950 (100)	78,910 (100)
Ⅰ球技スポーツ用品	8,090 (17.1)	8,770 (14.8)	7,460 (14.0)	6,630 (14.7)	6,270 (15.0)	5,810 (14.3)	5,710 (14.2)
1ゴルフ用品	5,340 (66.0)	5,820 (66.4)	5,000 (67.0)	4,390 (66.2)	4,000 (63.8)	3,590 (61.8)	3,550 (62.2)
2テニス用品	1,130 (14.0)	1,180 (13.5)	850 (11.4)	740 (11.2)	670 (10.7)	650 (11.2)	600 (10.5)
3卓球・バドミントン用品	320 (4.0)	350 (4.0)	330 (4.4)	310 (4.7)	350 (5.6)	320 (5.5)	320 (5.6)
4野球・ソフトボール用品	1,040 (12.9)	1,100 (12.5)	1,040 (13.9)	980 (14.8)	1,050 (16.8)	1,050 (18.1)	1,040 (18.2)
5球技ボール用品	260 (3.2)	320 (3.7)	240 (3.2)	210 (3.2)	200 (3.2)	200 (3.4)	200 (3.5)
Ⅱ山岳・海洋性スポーツ	7,900 (16.7)	10,060 (17.0)	9,430 (17.7)	7,010 (15.5)	6,270 (15.0)	6,130 (15.1)	6,070 (15.1)
1スキー・スケート・スノーボード用品	3,510 (44.4)	4,170 (41.5)	2,870 (30.4)	2,000 (28.5)	1,680 (26.8)	1,570 (25.6)	1,510 (24.9)
2登山・キャンプ用品	800 (10.1)	1,350 (13.4)	1,770 (18.8)	1,460 (20.8)	1,490 (23.8)	1,610 (26.3)	1,710 (28.2)
3釣具	1,970 (24.9)	2,490 (24.8)	2,940 (31.2)	2,150 (30.7)	1,760 (28.1)	1,630 (26.6)	1,560 (25.7)
4海水中用品	1,620 (20.5)	2,050 (20.4)	1,850 (19.6)	1,400 (20.0)	1,340 (21.4)	1,320 (21.5)	1,290 (21.3)
Ⅲその他のスポーツ用品	2,590 (5.5)	3,240 (5.5)	3,200 (6.0)	3,440 (7.6)	3,650 (8.8)	3,960 (9.7)	4,000 (10.0)
1スポーツ自転車	1,120 (43.2)	1,400 (43.2)	1,460 (45.6)	1,430 (41.6)	1,560 (42.7)	1,900 (48.0)	1,980 (49.5)
2その他のスポーツ用品	1,470 (56.8)	1,840 (56.8)	1,740 (54.4)	2,010 (58.4)	2,090 (57.3)	2,060 (52.0)	2,020 (50.5)
Ⅳスポーツ服等	2,900 (6.1)	3,850 (6.5)	3,790 (7.1)	3,530 (7.8)	4,060 (9.7)	4,080 (10.0)	4,170 (10.4)
1トレ競技ウエア	1,960 (67.6)	2,480 (64.4)	2,260 (59.6)	2,040 (57.8)	2,490 (61.3)	2,500 (61.3)	2,550 (61.2)
2スポーツシューズ	940 (32.1)	1,370 (35.6)	1,530 (40.4)	1,490 (42.2)	1,570 (38.7)	1,580 (38.7)	1,620 (38.9)
Ⅴスポーツ施設・スクール	24,780 (52.4)	31,850 (53.8)	28,160 (52.8)	23,300 (51.5)	20,080 (48.2)	19,270 (47.4)	18,810 (46.9)
1ゴルフ場	13,730 (55.4)	18,430 (57.9)	16,840 (59.8)	12,970 (55.7)	10,550 (52.5)	10,000 (51.9)	9,650 (51.3)
2ゴルフ練習場	2,250 (9.1)	3,140 (9.9)	2,360 (8.4)	1,630 (7.0)	1,580 (7.9)	1,620 (8.4)	1,480 (7.9)
3ボウリング場	1,440 (5.8)	2,040 (6.4)	1,550 (5.5)	1,160 (5.0)	910 (4.5)	830 (4.31)	820 (4.4)
4テニスクラブ・スクール	550 (2.2)	570 (1.8)	500 (1.8)	590 (2.5)	600 (3.0)	580 (3.01)	580 (3.1)
5スイミングプール	2,320 (9.4)	2,840 (8.9)	2,800 (9.9)	2,300 (9.9)	1,540 (7.7)	1,480 (7.68)	1,500 (8.0)
6アイススケート場	210 (0.9)	220 (0.7)	100 (0.4)	80 (0.3)	80 (0.4)	70 (0.4)	70 (0.4)
7フィットネスクラブ	3,200 (12.9)	3,100 (9.7)	2,850 (10.1)	3,680 (15.8)	4,160 (20.7)	4,090 (21.2)	4,140 (22.0)
8スキー場（索道収入）	1,080 (4.4)	1,510 (4.7)	1,160 (4.1)	890 (3.8)	660 (3.3)	600 (3.1)	570 (3.0)
Ⅵスポーツ観戦	1,020 (2.2)	1,400 (2.4)	1,260 (2.4)	1,340 (3.0)	1,350 (3.2)	1,450 (3.6)	1,390 (3.5)

資料 3-4　スポーツ市場の細分類項目における市場の推移

出所：財団法人社会経済生産性本部『レジャー白書（2011）』をもとに作成

　以上、スポーツの市場について、人々の運動やサービスなどの売上高を積み上げて推定する財団法人社会経済生産性本部（『レジャー白書』）の推計を基に述べてきたが、ここでいうスポーツの市場は、分類項目に限定されており、もちろんスポーツ経済の広がりはこれですべてではない。例えば、スポーツ関連ツーリズム、エレクトロニック・スポーツ、スポーツ医療、スポーツ用品の研究開発費、そして放映権料やスポンサー料などの数字が含まれてい

ない。スポーツ市場を形成するスポーツ支出の規模は、財団法人社会経済生産性本部の推計（『レジャー白書』）が示す以上の規模であることは確かであろう。スポーツが国民経済に果たす役割を示す１つの指標として、１年間に国内で生産されたスポーツプロダクトの付加価値の総額を示す「国民スポーツ総生産」（GDSP ：Gross Domestic Sports Product）の研究が国内外において広く行われており、今後このような指標を基に「国民総生産」（GNP：Gross National Product）や「国内総生産」（GDP：Gross Domestic Product）に占める割合などから国民のスポーツ動向が分析・把握され、スポーツ政策に反映されていくことが期待される。

2．スポーツの市場へのインパクト（労働時間・可処分所得・余暇活動）

　日本人の余暇をめぐる市場についてみてきたが、これらの市場に影響を与える要因となるのが、労働などの時間的な環境と家計消費などの経済的環境であることから、まず余暇の過ごし方についてみてみる。

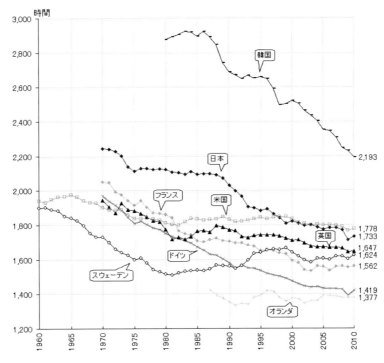

（注）データは、各国の時系列把握のために作成されており、厳密には資料の違いから特定時点の国際比較には適さない。フルタイマー、パートタイマー、自営業を含む。
（資料）OECD Factbook 2008-2010, OECD Employment Outlook 2011（2005～2010年）

資料 3-5　年間実労働時間の国際比較

　労働などの時間的な環境については、「経済協力開発機構」（OECD：Organisation for Economic Co-operation and Development）による労働時間の国際比較（世界 29 カ国）の調査（2011 年）によると、日本の年間実労働時間（2010 年）は 1733 時間と年々短縮傾向にあるが、日本の一日あたりの有給および無給労働時間の合計（通勤時間を含む）は 9 時間で、メキシコ（9 時間 45 分）に次いで最も長く、OECD 平均（8 時間 4 分）を大きく上回

っている。つまり見かけ上の時短であり、その背景の1つとしては、派遣社員やパートタイマーなどの短時間労働者の増加があげられる。そして雇用全体でみると、若年・高齢者層における短時間労働者の増加と、中堅層における長時間労働の増加という「労働時間の二極化」の進行も指摘されている。また、休暇環境として年次有給休暇取得状況の改善等もあり、2010年に閣議決定された「新成長戦略」においては、「雇用の安定・質の向上が内需主導型経済の基盤」とし、2020年までの数値目標として「年次有給休暇取得率70%」のほか、「週労働時間60時間以上の雇用者の割合を5割削減」「男性の育児休業取得13%」などワーク・ライフ・バランスの推進に関する諸目標が示されている。

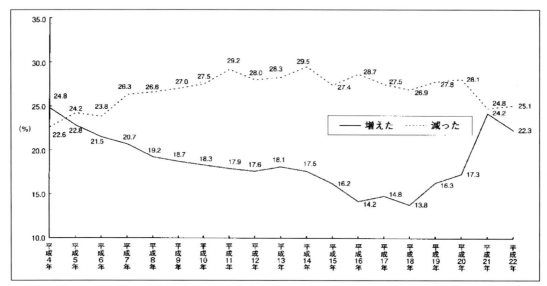

資料3-6　余暇時間の推移

出所：財団法人社会経済生産性本部『レジャー白書（2011）』

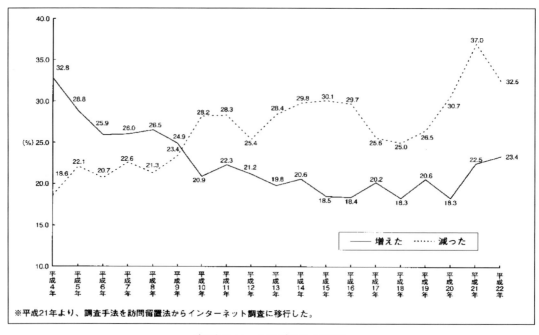

資料3-7　余暇支出の推移

出所：財団法人社会経済生産性本部『レジャー白書（2011）』

次に家計消費などの経済的な環境において重視すべきものは、所得の絶対額ではなく、「個人可処分所得」（Disposable personal income）であり、「自由裁量所得」（Discretionary income）である。自由裁量所得とは、可処分所得のうち、比較的自由な支出に回せる所得であり、食費、住居費など家計の中から必ず支出しなければならない支出を可処分所得から差し引いた差額のことである。一般的には耐久消費財購入費やレジャー・娯楽費などの支出が、この自由裁量所得から振り分けられるといわれている。例えば、住宅ローンや自動車ローンの返済、子どもの学費、その他生活費負担のために自由裁量支出の余地が極めて乏しい父親世代に比べ、その娘世代（親と同居している未婚者「パラサイト・シングル」など）の毎月のお小遣いが多いことを皮肉った「パパよりリッチな OL」といった新聞記事はその一例であるといえる。

（全国、勤労者世帯）

年　次	金　　　　　額		名目増加率（%）		実質増加率（%）	
	実収入	可処分所得	実収入	可処分所得	実収入	可処分所得
平成8年	579,461	488,537	1.5	1.3	1.5	1.3
9年	595,214	497,036	2.7	1.7	1.1	0.1
10年	588,916	495,887	-1.1	-0.2	-1.8	-0.9
11年	574,676	483,910	-2.4	-2.4	-2.0	-2.0
12年	560,954	472,823	-2.4	-2.3	-1.5	-1.4
13年	551,160	464,723	-1.7	-1.7	-0.8	-0.8
14年	538,277	452,501	-2.3	-2.6	-1.2	-1.5
15年	524,542	440,461	-2.6	-2.7	-2.3	-2.4
16年	530,028	444,966	1.0	1.0	1.0	1.0
17年	525,629	439,672	-1.4	-1.2	-1.0	-0.8
18年	525,254	441,066	0.5	0.3	0.2	0.0
19年	527,129	441,070	0.4	0.0	0.3	-0.1
20年	533,302	441,928	1.2	0.2	-0.4	-1.4
21年	518,595	428,101	-2.8	-3.1	-1.3	-1.6
22年	521,056	430,282	0.5	0.5	1.3	1.3

資料 3-8　実収入・可処分所得と名目・実質増加率の推移
出所：財団法人社会経済生産性本部『レジャー白書（2011）』

　2010 年の勤労者世帯（2 人以上世帯：平均世帯人員 3.40 人）の実収入は、1 カ月平均 52 万 1056 円、可処分所得は 43 万 282 円と双方とも対前年比実質 1.3%の増加であった。しかし、収入および可処分所得の水準は、この 10 年ほど力強さを欠く状況は変わっていない。余暇支出面でのゆとり感の推移をみても、この 10 年ほど可処分所得と同様に支出が増えたとする人は低い値であり、支出が減ったとする人は増えており、特に 2006 年以降急激に増加している。世代別では、男性 30～50 代と女性 30～40 代の支出が減り、同世代の増えたとする人を大きく上回っており、働き盛り・子育て世代で支出面のゆとりがない状態である。

　最後に余暇活動の参加実態については、高速道路料金の値下げが追い風となり、2008 年では 3 位であった「ドライブ」が 2 年連続で 1 位となっている。逆に「外食（日常的なものを除く）」では 1 位であったのが 3 位となり、厳しい既存店の状況が反映されている。さらに、「動物園、植物園、水族館、博物館」といった学習型の余暇活動が注目されている。余暇活動におけるスポーツ関連活動をみてみると、2008 年では 16 位であった「ジョギン

- 35 -

グ、マラソン」は、ランニングと自転車のブームはまだ継続しているものの、参加人口が頭うちとなり20位以下になった。また、レジャー活動の多様化を考慮した「ニュー・レジャー」種目でみてみると、ウォーキングや簡易ゴルフ、フットサルが顕著な伸びを示しており、新しい多様な種目の参加人口が伸びている。

平成20年		
順位	余暇活動種目	万人
1	外食（日常的なものを除く）	7,370
2	国内観光旅行（避暑、避寒、温泉など）	6,020
3	ドライブ	5,140
4	宝くじ	4,560
5	パソコン（ゲーム、趣味、通信など）	4,470
6	カラオケ	4,430
7	ビデオの鑑賞（レンタルを含む）	4,400
8	映画（テレビは除く）	4,140
9	動物園、植物園、水族館、博物館	4,030
10	音楽鑑賞（CD、レコード、テープ、FMなど）	3,960
11	バー、スナック、パブ、飲み屋	3,310
12	テレビゲーム（家庭での）	3,300
13	園芸、庭いじり	3,260
14	トランプ、オセロ、カルタ、花札など	2,910
15	遊園地	2,780
16	ジョギング、マラソン	2,550
17	ピクニック、ハイキング、野外散歩	2,470
18	音楽会、コンサートなど	2,420
19	ボウリング	2,350
20	帰省旅行	2,340

平成22年		
順位	余暇活動種目	万人
1	ドライブ	6,290
2	国内観光旅行（避暑、避寒、温泉など）	6,150
3	外食（日常的なものを除く）	6,040
4	映画（テレビは除く）	5,150
5	動物園、植物園、水族館、博物館	4,800
6	音楽鑑賞（CD、レコード、テープ、FMなど）	4,700
7	カラオケ	4,680
8	ビデオの鑑賞（レンタルを含む）	4,550
9	宝くじ	4,440
10	テレビゲーム（家庭での）	4,290
11	トランプ、オセロ、カルタ、花札など	3,960
12	園芸、庭いじり	3,720
13	学習、調べもの	3,450
14	ピクニック、ハイキング、野外散歩	3,380
15	音楽会、コンサートなど	3,270
16	バー、スナック、パブ、飲み屋	3,160
17	ゲームセンター、ゲームコーナー	3,000
18	写真の制作	2,950
19	催し物、博覧会	2,840
20	遊園地	2,770

注1) 平成21年よりインターネット調査に移行（p1調査仕様参照）
注2) 「パソコン（ゲーム、趣味、通信など）」の参加人口は7,780万人だが、インターネット調査の手法との関係を考慮して上位20位から除外した。

資料 3-9　余暇活動の参加実態

出所：財団法人社会経済生産性本部『レジャー白書（2011）』

	種目名	参加人口（万人）（注1）		伸び率（％）
		2008	2011	
1	複合ショッピングセンター	4,160	4,860	16.8
2	ウォーキング	3,020	4,510	49.3
3	温浴施設	3,990	4,280	7.3
4	ペット（遊ぶ・世話する）	3,210	2,990	-6.9
5	エステティック、ホームエステ	710	1,000	40.8
6	簡易ゴルフ	470	720	53.2
7	フットサル	280	370	32.1
8	貸し農園（市民農園など）	200	280	40.0
9	クルージング	170	250	47.1
10	バーベキュー（注2）	-	3,230	-
11	ファッション（楽しみとしての）（注2）	-	2,890	-

注1) 話題性のある新タイプのレジャー種目について、数年おきに調査を行っているもの。
　　　調査時点・手法は2008年1月（訪問留置法）、2011年1月（インターネット調査）。
注2) 2008年は調査していない種目。

資料 3-10　「ニュー・レジャー」参加人口の推移

出所：財団法人社会経済生産性本部『レジャー白書（2011）』

3. スポーツ産業の広がり

　現代社会におけるスポーツの経済活動はかつてないほどに大きくなり、しかも社会的にも重要になっている。そもそも「スポーツ産業とは何か」、という基本的ではあるが大変難しい問題に直面する。スポーツビジネスに携わっている側からも、この質問に対する明確な答えは提示されていない。世界的にもスポーツ産業の研究者たちは、スポーツ産業を定義するための統一的な見解を未だ有していないのが現状である。

　産業の分類には日本標準産業分類が用いられるが、スポーツ産業という用語をみつけることはできない。しかし、その中でもスポーツ産業の体系化を最初に試みたものに、通産省スポーツ産業研究会のものがある。これは多様なスポーツ享受の形態をカバーするスポーツ産業領域の広がりを提示している。このことは、スポーツ産業が横断的な産業であることを意味しており、他の産業と比較した場合、次のようなスポーツ産業の特性があげられる。

- 業種が多様でスポーツを中心として広がる生活領域に着目した産業である。
- サービスの比重が高い産業である。
- 最終消費財およびサービスを扱う産業である。
- 事業の成立は、消費者の主体的な関わりに大きく依存しており、選択財を扱う産業である。
- スポーツを楽しむためには、相応な場所と時間が不可欠であり、空間・時間消費型産業である。
- スポーツは、自己開発や仲間づくり、健康体力の維持向上という機能をもち、文化的で質の高い生活に不可欠なものであり、文化性・公益性のある産業である。

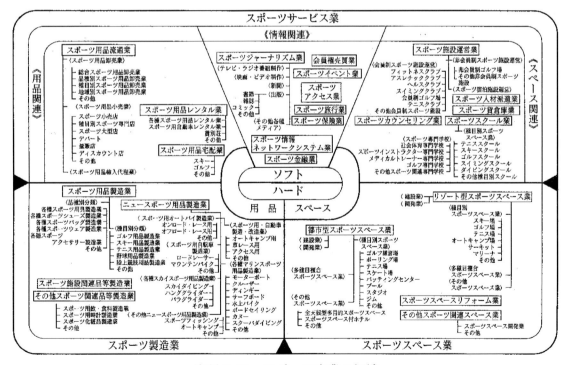

資料 3-11　スポーツ産業の領域

出所：通産省産業政策局編『スポーツビジョン 21』1990 年

4. スポーツ産業の発展

わが国におけるスポーツ産業は、19世紀末に近代スポーツが導入され、学校や社会において定着するにつれて、スポーツ用具・用品が生産され（スポーツ用品産業）、スポーツ関連施設が建設され（スポーツ施設・空間産業）、さらにスポーツにまつわる情報誌が発行される（スポーツサービス・情報産業）ことによって、これらの3つの領域で次第に産業として体をなしていった。

20世紀後半になり、高度経済成長によって国民の暮らしが豊かになると、国が政策としてスポーツ振興に取り組むとともに、国民の余暇時間が増大し、ライフスタイルが変化するにつれ、スポーツ産業の発展が顕著となった。「スポーツ用品産業」では、扱われる品目が大幅に増大するとともに、技術的進歩や素材産業の発展にともなう品質向上が見られ、「スポーツ施設・空間産業」では、立地条件に応じて日帰りで利用できる都市型と、自然資源を活かしたリゾート型に分類され、「スポーツサービス・情報産業」では、新聞や雑誌に代表される活字メディアを中心とした情報提供産業が、電波メディアを媒体とした文化創造産業へと大きく変革を遂げた。特に衛星放送やケーブルテレビ、インターネットなどは、スポーツを核としたグローバルな文化創造の担い手となると同時に、放映権料というビッグビジネスを生み出し、これがスポーツ産業複合化への大きなはずみとなった。戦後の復興期から高度経済成長期を経て、日本経済が本格的な発展を遂げるにつれ、スポーツの市場規模は拡大し、産業の構造にも変化がみられるようになった。それまで個別に存在していた3つの領域が発展するにつれてそこに求心的な力が働き、それによって3つの領域が互いに重なり、新しい複合的な産業領域が出現したのである。これによって、製造業（第二次産業）からサービス産業（第三次産業）という広がりをもち、スポーツに関する財またはサービスを生産し提供する集合体では、営利活動、非営利活動を含む横断的産業としてのスポーツ産業が姿を現した。

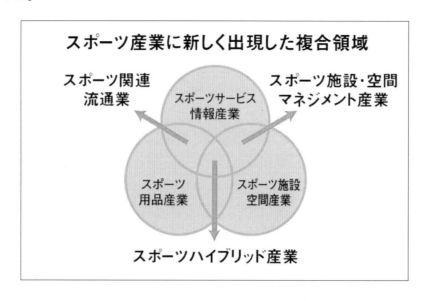

資料3-12　進化するスポーツ産業
出所：原田宗彦編著『スポーツ産業論入門』啓林書院

領　　域	産業の特徴
スポーツ用品産業	スポーツ用品のメーカー、卸売業者、小売業者の3者で構成される市場領域であり、ボール、ラケットといったスポーツをするための道具、アパレル製品、シューズ等の産業が含まれる。
スポーツサービス・情報産	スポーツのラジオ、テレビ、インターネット中継や新聞、雑誌など。また、レッスンビジネスもこの分野に含まれる。
スポーツ施設・空間産業	陸上競技場、球技場、体育館、スキー・スケート場、プール、武道場、テニスコート、ゴルフコースなど各種運動施設など。
スポーツ関連流通産業	従来のスポーツ用品産業とスポーツサービス・情報産業がドッキングすることによって実現可能となった領域。エンドースメント（選手による商品推奨）やエージェント（代理人）ビジネスもこの分野に含まれる。
施設・空間マネジメント産	ハードとしての施設・空間にソフトであるサービス・情報が加味されて生まれた新しいタイプの領域。フィットネスクラブやテニスクラブに代表されるクラブビジネス、スイミングスクールやテニススクールに代表され
ハイブリッド産業	3つの領域にまたがる領域で、トップチームを核とするエンターテント産業やスポーツツーリズムなどスポーツ固有のビジネスが含まれる。
スポーツ関連IT産業	情報・通信技術の発展とインターネット技術の高まりによるeビジネスの活用や新たなeスポーツビジネスなど、すべての領域におけるビジネス展開が含まれる。

資料 3-13　スポーツ産業領域とその特徴

出所：経済産業省関東経済産業局「広域関東圏におけるスポーツビジネスを核とした新しい地

域活性化のあり方に係る調査」をもとに一部加筆

　このように、わが国におけるスポーツ産業は、「スポーツ用品産業」、「スポーツサービス・情報産業」、そして「スポーツ施設・空間産業」といった3つの伝統的スポーツ産業が発展することで、複合領域としての「スポーツ関連流通産業」「施設・空間マネジメント産業」「ハイブリッド産業」、そしてインターネット技術の高まりによるeビジネスの発展により「スポーツ IT 産業」がスポーツ産業全体に関連することで、近年ではスポーツ固有のビジネスを生み出す土台を備えることとなった。

5．スポーツをビジネスするとは

　今日のスポーツは、モノとサービスへの広範な需要を伴う 1 つのビジネスとして存在する。スポーツビジネスとは、スポーツ産業の中でもスポーツを商品化できるもの、すなわち、業として確立し得るかどうかが前提となる。当然であるが、スポーツのビジネス化においては、特に「市場化」（Marketing）、「商品化」（Merchandising）、そして「収益化」（Money）といった 3M が結実してこそ成功を収めることができるのである。スポーツをビッグビジネスと考えるかどうか、スポーツ産業はわれわれの経済の中で重要な役割を果たしていると考えるかどうかは、劇的に変化している。

　スポーツそのものは遊びと同様、何も生み出さない非生産的な活動であることは前述したとおりである。スポーツの本質は面白さの創造にあるため、楽しむためのものでスポーツに費やすお金を無駄と考える人は多いだろう。現代スポーツにあっては、この誰がお金を出すかが、最も枢要な話なのである。

成熟した社会においては、コト・モノ・行為は、それがもつ本来的な有用性、すなわち使用価値以上にあるシステムの中で機能する象徴価値や交換価値によって、その存在の意味を主張するようになってきており、無色透明なスポーツは、政治的・社会的および経済的な記号的でバーチャル的な付加価値をもたらすことができる格好な商品といえる。それと同時に、こうしたスポーツの社会経済的な価値や機能、社会的効果にかかわる諸問題を認識しておくことが重要である。

　スポーツ科学が社会にもたらす多様な可能性（健康、教育、環境、経済活性化、感動、まちづくり、観光など）から、スポーツで世界中の生活者（Consumer Citizen）により良い生活水準を創造し提供することを基本的な考え方として、スポーツをビジネスすることでスポーツを発展させていくという発想が求められている。

【展開課題③】
- スポーツ産業と他産業の違いは何か。
- スポーツ産業の特性とは何か。

【関連資料③】
世界の頂点で戦う錦織圭効果で第4次テニスブームは来るか

　歴史に残る偉業を日本人選手が成し遂げるまで、あと一歩まで来た。いうまでもない。テニス4大大会のひとつ、全米オープンテニスの決勝に挑む錦織圭である。

■テニスは究極の身体能力に加え技術・戦術が求められる競技

　当コラムでも錦織の活躍を取り上げたことがあるが、テニスで世界のトップを争うのはとてつもなく大変なことだ。なにしろ競技人口が多い。世界の競技人口というのは、かなり曖昧で、正確な数字は出せないものだが、1位はサッカーで間違いないだろう。テニスはそれに次ぐ競技に数えられていて、推定競技人口は1億人以上。しかも団体競技のサッカーとは異なり、個人競技であるため、身体能力＋技術に秀でた世界中のトップアスリートとガチンコで戦わなければならない。

　たとえば五輪の陸上100mは身体能力の世界一を決める競技だが、それに技術や戦術を加えた超人的能力を問われるのがテニスといえるだろう。日本人では到達不可能と思われていた高みに日本の錦織が立つかどうかのところに来ているのである。

　錦織の快進撃はさまざまな分野に波及効果が出ている。使用しているラケット（ウイルソンSTEAM95）、ウェア（ユニクロ）は売り切れ状態だというし、腕時計（タグ・ホイヤー、プロフェッショナルスポーツウォッチ）、シューズ（アディダス・バリケード8+）も問い合わせが殺到しているそうだ。ま　た、休憩時間に飲む栄養補給ゼリー（ウイダーinゼリー・エネルギーレモン）も売れ行き急増、試合を中継しているWOWOWも加入者が殺到しているとい　う。スポンサーの日清食品は世界的な社名アピール、イメージアップ効果が見込めるし、錦織監修のカップヌードルの販売を検討しているという。

■意外や初の五輪金メダル獲得競技　第1次ブームは天皇皇后両陛下がきっかけ

　このところ落ち着いていたテニス人気も盛り上がるに違いない。

　錦織が勝ち進むことによって、日本テニス界の輝かしい歴史に光が当てられた。全米では96年前にベスト4まで進出した熊谷一弥氏、92年前にベスト8まで行った清水善造氏、4大大会では70年ほど前にウィンブルドン、全仏、全豪の5大会でベスト4に進出した佐藤次郎氏の功績が紹介された。

　日本人がオリンピックで初めてメダルを獲得した競技もテニスだ。1920年アントワープ五輪で熊谷一弥氏がシングルス、ダブルス（ペアを組んだの　は柏尾誠一郎氏）とも銀メダルを獲得したのが最初。昔から五輪でメダルを量産してきた体操や水泳が日本のお家芸というイメージがあるが、メダル第1号はテニスだったのだ。

　だが、当時は今ほどメダリストが脚光を浴びることはなかったし、テニスも庶民には縁遠いスポーツだったため、ブームにはならなかった。

　第1次テニスブームが起きたのは1959年。現在の天皇・皇后両陛下がテニスを通じて出会ったことから多くの人がテニスをプレーすることに憧れ、各地にコートが作られるようになる。

この熱気を下地に、さらに多くの人がテニスに親しむようになったのが1970年代だ。まず少女マンガ「エースをねらえ！」が大ヒットする。続いて1975年にはウィンブルドン選手権女子ダブルスで沢松和子・アン清村ペアが優勝。テニスに注目が集まった。

また、この時期はジミー・コナーズ、ビョルン・ボルグ、ジョン・マッケンロー、女子ではクリス・エバートといった人気選手が覇を競い合い、テニス熱が一気に盛り上がった。高度経済成長による好景気もあってコートの整備が進み、誰もが気軽にテニスをプレーするようになる。これが第2次テニスブーム。日本でテニスがポピュラーなスポーツになった最も大きなブームといえる。

しかし、人気選手が引退していくにつれて熱気も沈静化。バブル崩壊後の不景気もあってブームは去った。それが再燃するのが2000年代に入った頃だ。マンガ「テニスの王子様」がヒットし、若い層がテニスに注目するようになる。また、第1次、第2次のブームでテニスを始めた層がリタイヤの時期を迎え、再びプレーするようにもなった。これが第3次ブーム。ただし、静かなブームだ。

■日本人スター選手の誕生で第4次テニスブームが来るか

そんな状況に現れたのが錦織。着実に実力をつけ世界ランクを上げ、ついに4大大会のひとつ全米の決勝に進出するまでになった。そして世間はこの快挙に大変な盛り上がりを見せている。これがきっかけで第4次テニスブームが起きてもおかしくない。

考えてみれば、これまでの3回のブームは日本選手の活躍によって起きたものではない。スポーツの人気を盛り上げ、競技人口を増やすきっかけになるのは日本人選手の活躍であることが多い。野球でも時代時代でそうしたスターがいるし、サッカーなど他の競技でもそう。

日本のテニス界でもそうした存在はいなかったわけではない。70年代に全米と全仏で3回戦まで進出した坂井利郎氏、やはり全米で3回戦まで勝ち進んだ神和住純氏、そして1995年のウィンブルドンでベスト8まで行った松岡修造氏だ。また、女子ではクルム伊達公子がWTAツアー通算14勝、全米・全仏・ウィンブルドンでベスト4に入り、シングルスの世界ランクで4位までになっている。だが、その存在はブームをつくるまでにはならなかった。

層の厚いテニスで世界のトップに近づいた彼らの功績は大きいし、テニスファンはそのプレーに注目していた。だが、錦織の今回の快挙は別格だ。普段はテニスを見ない人まで驚かせているのである。

Jリーグができ、日本代表が実力を上げてW杯に出場するようになったことで、子どもにサッカーをやらせる親が増えたが、これからはテニスをやらせようという人も増えそうだ。また、昔プレーしていて今は遠ざかっている人も、再びラケットを握りたくなっているのではないか。

テニスブームが起こりそうな気配は濃厚。決勝のマリン・チリッチ（クロアチア）戦が、それを決定づけることになるだろう。

（『DIAMOND online』Sportsセカンドオピニオン第315回 2014年9月9日）

第4章 スポーツマーケティングに関する考え方と構造

Ⅰ．スポーツ用品業界の現状

1．スポーツ用品の市場はその規模を実施者の数に依存する

　近代社会のスポーツの大きな特色の 1 つは、スポーツが徐々に階級の垣根を越えて行なわれるようになっていくこと、このことを一般にスポーツの大衆化現象と呼んでいる。しかし、スポーツが大衆化するにはそれなりの条件が必要であるといわれている。例えば、①労働者の所得が増え、労働時間が短縮されること、②スポーツ施設が十分に設置され、安価に利用できるようになること、③スポーツの指導が十分になされ、スポーツ愛好家が増えること、などがあげられる。スポーツ用品の市場を考えると、スポーツ用品の売上に直接影響を及ぼし、また間接的に他の市場にも影響をもたらす要因としてのスポーツ参加者に注目する必要がある。最近では、クラブに登録しない自由なスポーツ実施が増加している。笹川スポーツ財団「スポーツライフに関する調査（2010）」によると、「散歩」が年 1 回以上の実施率で34.8％、その人口が3613万人（推計）と最も多い。同調査結果によると、道具を使う種目では「サッカー」の年 1 回以上の実施率がこの 10 年で 2 倍以上増えている。

順位	種目	実施率(%)	推計人口（万人）
1	散歩（ぶらぶら歩き）	34.8	3,613
2	ウォーキング	24.5	2,544
3	体操（軽い体操、ラジオ体操など）	18.5	1,921
4	ボウリング	13.3	1,381
5	筋力トレーニング	11.5	1,194

資料 4-1　種目別運動・スポーツ実施率および推計人口

出所：笹川スポーツ財団「スポーツライフに関する調査（2010）」

	2000	2002	2004	2006	2008	2010
ゴルフ（コース）	11.0	8.5	9.2	8.1	8.7	9.0
バドミントン	5.7	5.5	6.1	4.6	5.8	6.8
サッカー	2.1	2.7	3.7	3.4	4.4	4.6
卓球	6.3	5.6	6.0	4.6	5.4	4.5
野球	6.0	4.1	4.5	2.8	4.5	4.5
テニス（硬式テニス）	3.9	3.1	3.7	3.3	3.9	3.8
ソフトボール	5.3	3.8	4.3	4.7	3.8	3.3
バレーボール	4.2	2.9	3.7	2.9	4.3	3.2
バスケットボール	1.7	1.5	2.0	1.7	2.7	2.0

資料 4-2　スポーツ種目実施率の推移（年 1 回以上）

出所：笹川スポーツ財団「スポーツライフに関する調査報告書」（2002〜2010）

スポーツ実施率の伸びには、様々な要因が関わっている。生活様式の変化、自由時間の伸び、余暇スポーツ人気の高まり、または指導者によるそれぞれのスポーツの普及努力、経済的な要素（国の財政援助やスポンサーの資本）などをあげることができる。そしてスポーツ用品市場の特性については、国民における文化的な関心の高まり、体形や健康、外見、それに自然との接触にますます重要な意味が認められるようになり、さらに、流行による従来の実施形態に刷新がなされて、このことが女性のスポーツ実施者を増大し、ランニングや登山における顕著な現象となっている。

2. スポーツ用品メーカーは卸売を中心とした業者

国内におけるスポーツ用品産業は、昔ながらの家内制手工業の伝統を受け継いで非上場のままなど職人技を必要とするもの、または特定の学校運動用具としての商品を扱うため規模の経済性が働き、大企業への進化が困難な企業は少なくない。例えば、砲丸投げの砲丸の製造業者として世界的に有名な有限会社辻谷工業、武道用品のように職人技を必要とする有限会社博多屋武道具店、オムツの技術を学校用水泳帽に生かしたフットマーク株式会社など、従業員の規模が 100 人に満たない製造業者などがある。そして、スポーツ用品産業の構造についてみてみると、海外の主要なメーカーであるナイキやアディダス、国内の主要メーカーであるミズノやアシックスは、土地や機械設備といった固定資産の割合が少なく、製造工場や小売店をそれほど有しておらず、少ない資産で多くの売上をあげている特徴があり、ビジネスのやり方で分ける業態別では卸売を中心とした事業展開を行なっている企業と位置づけることができる（アディダスとナイキはアメリカの標準産業分類では「5139：Footwear Wholesalers」に属する企業とされている）。このような構造であるスポーツ用品産業の主要なメーカーは、商品開発と卸売に注力しており、限られた市場で独占的な地位を築くために独自の商品開発と技術力に裏打ちされたブランドの確立が不可欠であり、企業の理念や姿勢への共感を醸成するコミュニケーション活動が重要な意味を持つようになっている。

したがって各主要なメーカーは、スポーツ用品の最高機能を求めるトップアスリートとの商品開発を進めることで、その機能の一部を活かして一般向け商品を販売するなど、ナイキの企業理念である「Just Do It」、すなわちトップアスリートとの契約によって、広告その他に出演してもらい、商品や企業そのもののファンとなってもらうブランド戦略を世界的な規模で展開している。

2001 年ナイキは、西武ライオンズとオフィシャルサプライヤー契約を締結した。さらに2006 年アディダスは、日本の野球事業に本格参入し、わずか 2 年で読売ジャイアンツとオフィシャルパートナー契約を結んでいる。

3. 不況下におけるスポーツ専門店の戦い──アルペンとゼビオ

スポーツ用品店においても、単に業績だけの専門性しかなくなった既存専門チェーンの低落に代わって新しい新業態として登場してきたのが、カテゴリーキラー（Category

Killers）と呼ばれるスポーツ専門店である。この専門の特徴は、深い選択肢とある程度の巾を特徴とする巨大で低価格の限定ライン店であり、その名が示す通り特定の製品カテゴリーで競争力を持つことを意図している。その代表となる国内専門店がアルペンやゼビオである。

　スポーツ専門店アルペンは、売場面積約 4000 平米前後の大型業態店「スポーツデポ」の出店を積極的に推進している。1990 年代、主力業態「アルペン」では、スキー用品が売上の半分以上を占めていた。しかし、スキー・スノーボードを中心とするウインタースポーツの低迷によって、新業態に参入するに至った。スポーツデポでは、シーズンによって売上が左右されにくいようなスポーツ用品全般を提案するほか、非スポーツウェア（カジュアルウェア）や雑貨小物まで品揃えの幅を広げ、価格訴求のコーナーを設置するなど低価格商品の開発に力を入れている。現在、「アルペン」「スポーツデポ」「ゴルフ 5」と異なる 3 業態を展開しており、店舗数が全国に約 360 店で、スポーツ専門店の売上高（2010 年度）では第 1 位となっている。そして、他社に先駆けて PB（プライベートブランド）商品の開発（イグニオ、キスマーク、ティゴラなど）にも取り組んでおり、経営理念として「For the Customer」を掲げ、スポーツを軸とした幅広い事業に挑戦している。

順位	社名	本社地	決算月	売上高 （百万円）	伸長率 （%）	経常益 （百万円）	店舗数
1	アルペン（総合）	愛知	6	186,283	▲0.5	8,965	356
2	ゼビオ（総合）	福島	3	123,390	5.2	11,084	147
3	メガスポーツ（総合）＊スポーツオーソリティ	東京	1	68,000	▲2.9	-	81
4	ヒマラヤ（総合）	岐阜	8	45,684	3.2	1,864	83
5	ヴィクトリア（専業方向）	東京	3	29,666	▲2.9	1,086	58
6	つるや（専業）	大阪	7	22,281	▲0.4	122	125
7	二木ゴルフ（専業）	東京	2	21,842	▲5.0	81	59
8	ゴルフパートナー（専業）	東京	3	14,279	8.0	521	257
9	チャコット（バレー・体操）	東京	2	10,049	▲0.0	654	27
10	好日山荘（アウトドア）	兵庫	11	9,886	21.0	-	39

資料 4-3　スポーツ専門店売上ベスト 10（2010 年度）
出所：上場企業の有価証券報告書より作成

　一方スポーツ専門店ゼビオは、ロードサイド型の紳士服専門店から大型スポーツ専門店へと業態の中心を移してきた企業で、アルペンとは逆の方向からスポーツ専門店として成長を果たしてきた。メンズビジネス、メンズカジュアル分野は成熟した市場で競合が激しく苦戦を強いられてきたが、現在はスポーツ用品事業へと二度にわたる主力業態の転換に成功して軌道に乗ってきている。ゼビオは、2005 年に株式会社ヴィクトリア（「ゴルフ事業部（Victoria Golf）」「スポーツ事業部（Victoria）」「アウトドア事業部（L-Breath）」の 3 事業部）がゼビオグループに加わり、店舗数約 150 店となり、スポーツ専門店の売上高（2010年度）では第 2 位となっている。1999 年に国内最大級のスポーツ店「スーパースポーツ・

ゼビオドーム月寒店」（9900 平米）を開設し、2010 年には国内最大級の体験型スポーツモール「スーパースポーツ・ゼビオドームつくば学園東大通り店」を開設するなど、大型専門店に柱を置いている。1997 年には、イギリス最大の SPA（製造小売業）ブランドである NEXT 社と提携し、「手軽な価格でコレクション価値がある」をコンセプトに、首都圏と全国の政令指定都市を中心として、ウィメンズのみを扱っている小型店舗からウィメンズ、メンズ、チルドレンズ、インテリアまで擁する大型店舗まで全国展開するなど、スポーツ専門店らしさを維持しながらも、他業態のアイテムも取り込んでいる。

　これらの方向性は、基本的に双方のスポーツ専門店とも同じであり、新しいビジネスチャンスを求めてトータルビジネスサポートをキーコンセプトにライフステージの提案を大型店舗で展開している。

4. 価格訴求以外の愛顧動機の醸成——コンセプトショップの到来

　三菱 UFJ リサーチ＆コンサルティング株式会社「2015 年スポーツマーケティング基礎調査」によると、「好きなスポーツブランド」では、アディダスが 42.1％で 1 位、ナイキが 40.3％で 2 位と海外ブランドが上位を占めている。年代別にみてみると海外ブランドのナイキとアディダスは年代に関わらず支持が高いが、日本ブランドのアシックスやミズノは、年齢層が高くなるにしたがって支持が高い。

　近年、ナイキをはじめとする外資系スポーツ用品メーカーの攻勢に対抗するため、国内スポーツ用品メーカーも直営店を出店する動きが盛んになっており、ブランドイメージの向上を目指している。まさしく巨大化・総合化によるスケールメソッドによるか、特定カテゴリーに絞ったスケールメソッドによるか、単純化や合理化やシステム化を通じてのコストダウンによるか、特定ターゲットに絞った価格訴求力かなどのように、量的な競争のみでなく質的差別化を図るため、ユニークなコンセプトをもった新業態開発競争が規模の大小を問わず活発化している。

　成熟社会における生活者の多様化した価値観やライフスタイル、そしてハイレベルな要請などに対応するために、新しいコンセプトをもった NIKE TOWN やアディダスコンセプトショップなどの専門店が登場している。したがって、ゼビオ、アルペン、スポーツオーソリティーのような極度に広範囲な商品をもつ小売機関が小売システムを支配する時代と、特殊時代、すなわち小売システムが高度な専門化によって一般的に特徴づけられる時代のサイクルで進展するという 1 つの運動法則を確認することができる。

　このような新業態の開発は、その時点その時点で動態的に変化する多様なセグメントで消費者のバラエティーに富んだ要請を洞察し、それに対応するために行われるものであり、決して価格訴求を中心としたものばかりではない。まさしく、消費者の他の愛顧動機（Patoronage Motives）に訴求するために開発されたものが多い。愛顧動機とは、ロイヤリティ（Royalty）といった製品によって購入する製品動機ではなく、店を選んで商品を購入することであり、そのためには魅力的な店の雰囲気づくりや、店の個性化、顧客関係における高水準の倫理性など、価格訴求以外のマーチャンダイジング戦略が求められている。

順位	好きなスポーツブランド（全体：n=2,000)	年代別				
		29歳以下 (n=400)	30歳代 (n=400)	40歳代 (n=400)	50歳代 (n=400)	60歳代 (n=400)
1	アディダス 42.1	アディダス 47.3	アディダス 48.8	アディダス 40.8	ナイキ 43.5	ナイキ 35.3
2	ナイキ 40.3	ナイキ 43.0	ナイキ 43.5	ナイキ 36.3	アディダス 39.0	アディダス 34.8
3	アシックス 26.8	アシックス 24.0	プーマ 27.0	アシックス 23.0	アシックス 31.0	アシックス 34.0
4	プーマ 21.1	プーマ 23.3	ニューバランス 23.0	ニューバランス 20.5	ミズノ 24.8	ミズノ 27.3
5	ミズノ 20.6	ミズノ 19.3	アシックス 21.8	プーマ 20.3	ニューバランス 19.8	ダンロップ 16.0

資料 4-4　好きなスポーツブランド

出所：三菱 UFJ リサーチ＆コンサルティング株式会社「2015 年スポーツマーケティング基礎調査」

5. スポーツ商品の平準化——パテントビジネス

　一般的に、サービスを主体とするスポーツ経営体では、市場の隙間を発見することは非常に困難であり、また他社がまねをすることのできないサービスや技術を開発することはさらに困難である。したがって、事業所間で提示する商品の平準化が急速に進む。そうした所では、提示される商品の差別化が問題となる。そこで、独創的なパフォーマンス・指導がなされ、あるいは斬新な用品などが開発・製品化・商品化されたスポーツ商品を知的所有権で法的に保護することで、商品の差別化によりブランド力を高めて市場における優位化を図っていくことができる。

　知的財産とは、ヒトの知恵と工夫、そして努力の結果生みだされた創造物のうち、財産としての価値を持つものを指し、科学的発見や理論、アイディアやコンセプト、機械、器具、材料、物質、ノウハウ、ソフトウェア、著作物、キャラクター、マーク、そしてデザインなど、これらすべてがその対象となる。一般的に知的所有権は、著作権と工業所有権（特許権・実用新案権・意匠権・商標権・称号・不正競争防止法による保護）、そしてその他の権利（トレード・シークレット、肖像権、商品化の権利、パブリシティーの権利）からなっている。著作権が文化の維持・向上を目的とするのに対して、工業所有権は産業の発達を目的としている。著作権は、すべてのスポーツ領域において文芸や学術などに関係するものを除くと、直接的には著作権法の対象とはならいない。したがって、スポーツの世界で新しい技術・フォームが創造され、あるいはフィギュアスケートなどで独創的な振り付けがなされたとしても、法的保護は与えられない。一方で工業所有権は、著作権とは異なりスポーツ領域と他の産業・分野との間に権利所得についての相違はない。権利者は、その権利を自ら利用することもできるし、他人に実施権を与え、実施料を徴収することができる。その他の権利でスポーツビジネスに関わるものでは、スポーツチームや選手のキャラクター製造・販売・映像化・書籍化のように、著作権や商標権などで保護されている各種権利を第三者に使用を許可

する商品化権、肖像権やパブリシティー権がある。これらは一部の有力スポーツ選手などの氏名や肖像が商品広告に使用され、または商品に付され、さらに肖像自体が商品化されるなどの商業活動利用のような場合に、氏名・肖像の保護および経済的利益・価値を排他的に支配するように認めた権利である。

スポーツ用品産業の領域における権利取得については、特許や実用新案に関連する技術開発が一般的である。バドミントンで使用する用具を例にしても、従来の用具が備えていなかった優れた機能について新たな発見がなされ、付加価値を高めた新製品を開発したら、その発明者が特許を出願し、審査請求をすれば、特許庁は同審査基準に照らして、特許を付与すべきか否か審議し、登録が認められれば特許法による保護が与えられる。そして、そのような新製品の製造・販売を市場で独占し、利益をあげることができるのである。まさしく特許の保護・強化といったプロパテント（Pro-patent）が、この産業の発展に重要な役割を担っている。

1993年から2008年までに発行された日本の特許公開公報・実用新案関連公報を対象に、スポーツに関する発明・考案、約5000件を抽出して分析した「NRIサイバーメント」の調査結果によると、スポーツに関連した発明・考案は「スポーツ用品」など12分野において出願されている。スポーツ用品に関連する分野（スポーツ用品、シューズ、ウェア、繊維・素材）では全体の50％、選手を支援する技術分野（食品、治療、トレーニング）では全体の13.5％が出願されている。そして、この中でも実用新案の出願が多かったのは観戦の分野であり、メガホンなど応援グッズや、帽子・椅子など観戦者を支援する考案が出願されている。

分野	文中に含まれる単語
観戦	観戦、イベント、応援
放送・通信	番組、リアルタイム、音声、テレビ、放送、コンテンツ、広告、通信、ネットワーク、インターネットなど
画像・情報処理	画像、カメラ、ビデオ、情報、データ、プログラム、コンピューター、データベース、デジタル、メモリーなど
ゲーム	ゲーム
スポーツ用品	用具、ボール、器具、グリップ、ラケット、スポーツ用品
シューズ	シューズ、靴、靴底、ソール、スポーツ靴など
ウェア	衣料、着用、手袋、スポーツウェア、ファスナー、バッグ、帽子など
繊維・素材	繊維、ポリエステル、織物、縫製、糸、素材、樹脂、合成樹脂、ゴム、化合物、金属、プラスチックなど
トレーニング	動作、動き、センサー、トレーニング、筋肉、スイング、フォーム
治療	治療、障害、予防、けが、リハビリなど
食品	飲料、ドリンク、食品
自動車	走行、車両、自動車、運転、エンジン、運転者、変速機、駆動、ハンドル

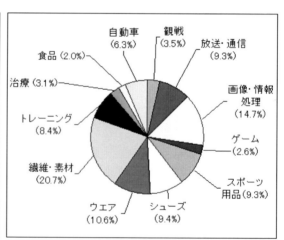

資料4-5　スポーツに関連した発明・考案の分類　　資料4-6　各分野の出願シェア

出所：NRIサイバーメント「連載企画 日本の『知財』行方」2008年

最後に、スポーツ科学の追求により、新素材の開発、スポーツ用器具の改良、そして運動技術の高度化は三位一体となって今日のスポーツを支えてきたといえる。しかし、ただゴルフやボウリングのバイオメカニクスがいかにスイングやリリースについての知見を明らか

にしても、それでもってゴルフなりボウリングなりのゲームの在りようがすべてわかるというものでもなく、その知見で重装備された選手が期待される結果を、常にして現実にするわけでもない。これが対人ゲームとなると、新たな技術があみだされ、また新たなミニマックス（想定される最大の損害が最小になるように決断を行うこと）が求められるということになる。それもこれも、スポーツに許される行為上の自由がなせる業であり、よい意味でも悪い意味でもその自由が、科学の予想を超えた展開をスポーツにもたらす。そこにスポーツに楽しさと面白さが保障させる契機があり、人間のあくことなきスポーツの可能性への追求があるといえる。

Ⅱ．スポーツ用品産業の市場

1．スポーツ用品業界の概況

　わが国におけるスポーツ用品市場規模をみてみると、人々の運動やサービスなどの売上高を積み上げて推定した財団法人社会経済生産性本部『レジャー白書』の推計では、2010年の余暇市場におけるスポーツ市場は約 4 兆円、その内スポーツ用品の市場規模（球技スポーツ用品、山岳・海洋スポーツ、その他スポーツ用品、スポーツ服等）は、約 2 兆円と推定することができる。また、過去 1 年間のスポーツ活動への参加にかかる支出を対象とした三菱 UFJ リサーチ＆コンサルティング株式会社による『2015 年スポーツマーケティング基礎調査』では、スポーツ用品購入市場が 7637 億円で、年間平均支出額が 2 万 2574 円と試算されている。

	年間平均支出額	市場規模	参考：2014 年市場規模
スタジアム観戦市場	32,408 円（▲ 13.4%） <n=419>	5,903 億円	7,351 億円
用品購入市場	22,574 円（▲ 3.5%） <n=780>	7,637 億円	7,344 億円
施設利用・会費市場	45,729 円（▲ 7.5%） <n=599>	1 兆 1,778 億円	1 兆 2,432 億円
市場規模の合計	－	2 兆 5,318 億円	2 兆 7,127 億円

　　（注）年間平均支出額は、支出を行った人の平均支出額。
　　　　　市場規模は 15 歳～69 歳を対象とした市場。年齢階層別の平均支出額×年齢階層別人口×支出率を市場別
　　　　　に算出し合算。年齢階層別人口には、総務省「住民基本台帳に基づく人口」を利用。（ ）内は昨年調査比。

資料 4-7　スポーツ参加市場規模

出所：三菱 UFJ リサーチ＆コンサルティング株式会社『2015 年スポーツマーケティング基礎調査』

　スポーツ用品市場の動向をみてみると、総務省統計局の家計調査では、スポーツ関係支出（運動用具類、スポーツ月謝、スポーツ観覧料及びスポーツ施設使用料）が増加傾向にある。1990 年の一世帯当たり年間支出金額を 100 として指数の伸びをみてみると、ゴルフプレー料金、スポーツクラブ使用料などを含むスポーツ施設使用料及びスポーツ観覧料が 2009 年

は約2倍になったが、しかし、運動用具類は約7割と減少傾向にある。また、1世帯当たり年間支出金額（2009年）を世帯主の年齢別にみると、スポーツ関連全体では40～49歳の世帯が最も多く、29歳以下の世帯の約4倍となっている。また、運動用具類、スポーツ月謝及びスポーツ観覧料は40～49歳の世帯が、スポーツ施設使用料は60～69歳の世帯が最も多い。

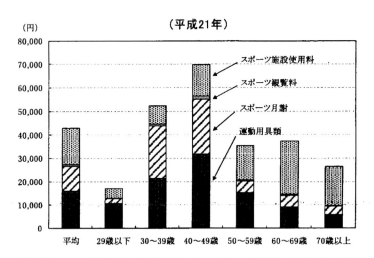

資料4-8　世帯別の年齢階級別スポーツ関連の年間支出金額
出所：総務省統計局　家計調査通信440号（平成22年10月15日）

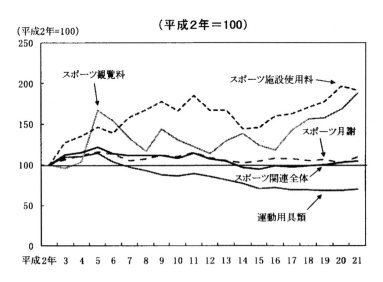

資料4-9　スポーツ関連の年間支出額の推移
出所：総務省統計局　家計調査通信440号（平成22年10月15日）

月別支出額では、運動用具類は3月に入学前準備などにより最も支出が多く、9月からバレーボールやサッカーなどの冬季スポーツや冬物の需要により支出が多くなり、競技大会が少ない2月に支出が最も低くなる傾向がある。そして、同調査から都道府県別スポーツ用品一世帯当たり年間支出ランキングを表にしてみると、2009年では北海道札幌市が1万3159円の支出額で1位となり、次に滋賀県（大津市）、栃木県（宇都宮市）となり、全体で

は1万円前後の支出となる。また、財団法人社会経済生産性本部『レジャー白書』の推計では、スポーツ用品市場は全般的に上向いており、ランニング用品、スポーツ自転車、登山・キャンプ、フィットネス用品の市場規模が大きくなっている。一方で、ゴルフ用品、テニスやスキー・スノーボード用品については、市場規模が前年比マイナスで低迷している。

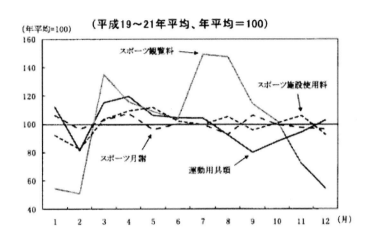

資料 4-10　スポーツ関連の月別支出額の推移
出所：総務省統計局　家計調査通信 440 号（平成 22 年 10 月 15 日）

	都道府県（市）	支出額（年間）
1	北海道（札幌）	13,159
2	滋賀県（大津）	12,065
3	栃木県（宇都宮）	11,720
4	福島県（福島）	11,608
5	石川県（金沢）	11,277
6	長野県（長野）	11,154
7	三重県（津）	11,064
8	鹿児島県（鹿児島）	10,675
9	埼玉県（さいたま）	10,431
10	岡山県（岡山）	10,173

資料 4-11　都道府県別スポーツ用品一世帯当たり年間支出ランキング
出所：総務省統計局　家計調査通信 440 号（平成 22 年 10 月 15 日）

2. スポーツ用品産業の生産と消費を結ぶ流通活動

　戦後スポーツ用品産業は、急速な発展をしてきた。ハイテクを応用したスポーツ用品は、優れた機能に加え、イメージやファッション性を重視した記号商品として売上を伸ばすまでになった。生産から卸、そして小売という生産と消費を結ぶ流通活動は変化し、メーカーが直営店を通じて商品の直接販売に乗りだすなど、大規模小売専門店やコンセプトショップの登場やITを活用したマーケティング手法の導入により、きめ細い販売サービスが展開されるようになった。

● 製造業

　製造業は、自社ブランド製品の製造ならびに卸売・小売業向け販売、およびOEM（相手

先ブランドによる生産）を行なっている。具体的な業務には、研究開発、企画、生産管理、販売、販売促進、広報・宣伝などがある。主たる企業にはミズノ、アシックス、デサント、ゴールドウイン、ヨネックス、モルテン、ミカサ、ゴルフ大手の SRI スポーツ（ダンロップ）、ブリジストンスポーツなどがあり、スポーツ用品一般を扱う総合メーカーと、特定の競技や分野に特化した専門メーカーがある。

● 卸売業

卸売業は、海外ブランド・国内ブランド製品の国内小売企業向け販売をなっている。主な業務は、企画・仕入、販売、販売促進である。主たる企業にはゼット、エスエスケイ、アシックス商事、ザナックス、イモト、アメアスポーツなどがある。その中には自社ブランドで製造を行なっている企業もある。

● 小売業

小売業は、海外ブランド・国内ブランド製品の店頭販売および学校などの法人向け販売を行なっている。主な業務は仕入、販売、販売促進であり、主たる企業にはゼビオ（ヴィクトリアを含む）、アルペングループ、ヒマラヤ、有賀園ゴルフ、ツルヤゴルフ、二木ゴルフ、B&D、好日山岳などがある。

	企業名	売上高（百万円）
1	アシックス（総合スポーツ用品：兵庫）	235,349
2	美津濃（総合スポーツ用品：大阪）	150,032
3	デサント（ウエア：大阪）	75,725
4	ＳＲＩスポーツ（ゴルフ：兵庫）	63,584
5	グローブライド（総合スポーツ用品：東京）	59,878
6	エスエスケイ（総合スポーツ用品：大阪）	44,257
7	ゴールドウイン（ウエア：東京）	42,374
8	ゼット（総合スポーツ用品：大阪）	38,245
9	ブリヂストンスポーツ（ゴルフ：東京）	34,695
10	テーラーメイドゴルフ（ゴルフ：東京）	24,919

資料 4-12 スポーツ用品の製造・卸売業売上げランキング（2011 年度）
出所：上場企業の有価証券報告書より作成

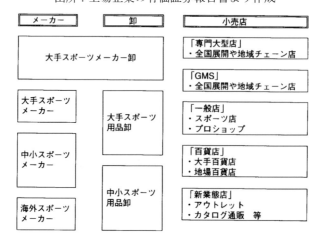

資料 4-13 スポーツ用品産業の流通
出所：原田宗彦編著『改定スポーツ産業論入門』杏林書

【展開課題④】

● スポーツマーケティングにはどのような機能があるか。

● なぜスポーツメーカーは、有名なプロ選手とスポンサー契約をするのか。

【関連資料④】
アシックス　世界3位を射程内に捉える　日の丸スポーツブランドの野望

　東京五輪の開催決定で、沸き立つ国内スポーツ用品メーカー。とりわけ期待を寄せるのは"トップランナー"のアシックスだろう。半世紀前の成功体験があるからだ。

　前回の東京五輪では、当時としては破格の予算を投じ、日本人選手のみならず、多くの外国人選手にもシューズを提供。「オニツカ」（現アシックス）を履いた選手が金銀銅を合わせ47個ものメダルを獲得したことが、世界的な知名度を押し上げた。

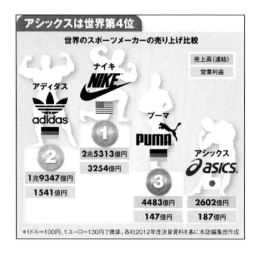

　そのアシックスが現在、売上高で世界4位のスポーツ用品メーカーに位置していることを知る人はそう多くない。

　2013年3月期の連結売上高は過去最高の2602億円。今期は売上高で3150億円と前期比21.1％増を、また、純利益も7期ぶりに過去最高となる145億円を見込む。この売上高を上回るのは、米ナイキと独アディダス、そして独プーマの3社だけだ。

　好調を支える最大の柱は、世界的なランニングブームを追い風にしたランニングシューズの売り上げ伸長にある。2013年4～9月期の連結売上高1537億円のうち、ランニングシューズは787億円と過半を占め、前年同期比で3割近い増加となっている。

　背景には、アシックスのランニングシューズが、世界中の「シリアス（熱心な）ランナー」から圧倒的に支持されていることがある。

　例えば、世界最大のマラソン大会の一つ、ニューヨークシティマラソン。その11年大会に参加したランナーのうち57％が、アシックス製のシューズだった（アシックス調べ）。アシックスは、高機能かつ高価格の「高級ブランド」としての地位を確固たるものにしているのだ。

　だが、この快走も現時点では折り返し地点にすぎない。2011年に打ち出した中期経営計画では、2016年3月期までに連結売上高4000億円以上、営業利益率を現在の7.2％（2013年3月期）から10％以上に伸ばすという高い目標を掲げているからだ。

この「4000億円」という数字が示唆するところは、ずばり世界"3強"入りだ。
「オリンピックと同じく、メダルを獲得できる3位までと、4位では世間の見方が異なる。たいていの人々は、何事も3強までしか名前を覚えないもの。この違いは大きい」と、アシックス幹部はその意義を強調する。

　とはいえ、先頭集団であるナイキとアディダスは、はるか先を行く。連結売上高で見れば、2位のアディダスは1兆9000億円超、また、1964年にオニツカの米国輸入販売会社としてスタートしたナイキに至っては、2兆5000億円超と10倍近い差がある。

　だが、業界3番手であるプーマはというと、4000億円台前半にとどまる。アシックスの中計の目標が達成されれば、その尻尾に手が届くというわけだ。

　足元の円安という"ドーピング"効果もあり、尾山基社長は「目標の達成が見えてきた。数年内にプーマに追いつきたい」と自信をのぞかせる。だが、ここまでの道のりは、決して平坦ではなかった。

　創業者、鬼塚喜八郎氏がアシックスの源流である「鬼塚商会」を創業したのは1949年。急発進と急停止という高機能が求められるバスケットボール シューズの製造販売を手始めに、1957年に製品に描かれていた「虎」の商標権の譲渡を受け、基幹ブランド「オニツカタイガー」を誕生させた。

　海外進出を果たした2年後の1977年、鬼塚氏が感銘を受けたラテン語の「Anima Sana in Corpore Sano（健全な精神は健全な肉体に宿る）」の頭文字である「アシックス」に社名を変更。事業も多角化の一途をたどった。

ところが、思わぬ逆風が足踏みを余儀なくさせる。バブル崩壊とそれに伴う市場の縮小だ。アシックスは1993年3月期から1999年3月期までの7期連続、純損益で赤字という長期低迷に突入したのだ。

それを救ったのが、現在の大黒柱であるランニング部門への経営資源集中と、カジュアルファッション分野および海外への進出だ。

1996年には米国のゴルフ用品販売子会社を売却するなど経営再建に取り組む一方、2002年にはアシックスの誕生とともに消滅した「オニツカタイガー」をスポーツファッションブランドとして復活。

そのオニツカタイガーは、想像以上のスタートダッシュを見せる。2003年に公開された米映画「キル・ビル」で、主人公のシューズに採用され、主に欧州でブームに火がついたのだ。

現在も8割以上の売り上げを海外に頼るオニツカタイガーの後押しもあり、2000年3月期はわずか3割強にすぎなかった海外売上比率は、2006年3月期に国内売り上げを上回り、2013年4～9月期では7割を超えた。

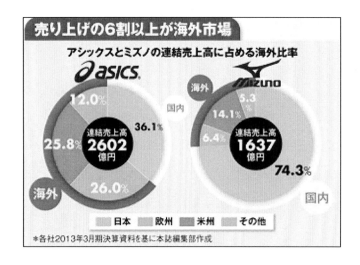

国内2番手のミズノがいまだ売り上げの4分の3を国内市場に頼ることを思えば、アシックスがグローバル企業として大きく先んじたことは間違いない。

実際、世界最大のブランドコンサルティング会社、インターブランドが発表する「日本のグローバルブランドTOP30」でも、アシックスは2013年、スポーツ用品メーカーで唯一選ばれ、日立製作所やシャープ、富士重工業などを抑え18位に食い込んだ。

だが、中計の残り2年間でさらに850億円の売り上げを伸ばすのは容易ではない。もう一皮むけるには、克服すべき課題も多い。

「アシックスに対する国内のイメージと、海外のそれは大きく異なる」とアシックス関係者は口をそろえる。「日本では学校体育や部活動用という『ダサい』イメージが根強い」からだ。

例えば、最大の武器であるランニングシューズでも、機能を重視する代償としてデザイン

が後手に回り、「ファン（気軽な）ランナー」の取りこぼしが起きている。

　また、海外戦略でも、新興国への進出の遅れは否めない。ナイキやアディダスは、売り上げの3〜5割を新興国で上げるが、アシックスは日本と欧米で9割を占め、先進国への依存度が極めて高い。

　その理由の一つは価格。アシックス製シューズの売れ筋モデルは1万5000円前後だ。だが、新興国の消費者にとってこの価格はまさに高根の花。70〜80ドルのラインアップを多くそろえるナイキなどに比べ、競争力で劣るのだ。

　加えて、シューズ以外の稼ぎ頭を見つけることも課題だ。他のメーカーが、ウェアやその他用品で満遍なく稼いでいるのに対し、アシックスは売り上げの4分の3近くをシューズに頼る。

　アシックスも手をこまねいているわけではない。外部デザイナーの登用によるファッション性の向上のほか、新たに「グローバルマーケティング統括部」を設置し、ブラジルなどで攻勢をかける。

「プーマがグッチなどを傘下に持つ（仏流通大手の）ケリングに買収され、スポーツブランドとしての方向性が定まらない今が好機」とアシックス幹部。

　はたして、"虎"の足はピューマ（プーマ）より速いのか。東京五輪が開催される2020年までには、決着がつきそうだ。

（『週刊ダイヤモンド』企業特集第165回　2014年2月5日）

第5章 マーケティングプログラムの展開

1. スポーツ用品における小売ビジネスの実態

　小売という概念は、最終消費者のために提供されるものの販売に関連するあらゆる諸活動を示すものである。小売ビジネスとそのカテゴリー化を考えると、いろいろな角度からそれを行なうことができ、日本商業学会における小売商の取扱商品種類による分類では、単種品店、複数品店に分類され、後者はよろず店、多種品店、百貨店、通信販売店その他の複合品店に分けられている。提供するサービス程度を基準にすると、完全サービス店、限定サービス店、セルフ・サービス店に分類されている。所有関係を基準にすると、単独小売店、チェーン・ストア、消費生活協同組合、メーカー直販店、官庁および会社の購買部などに分類されている。また取扱商品から、最寄り店、買回り店、専門品店に分類されるとしている。通産省の分類では、有店舗と無店舗の小売業にカテゴリー化されている。

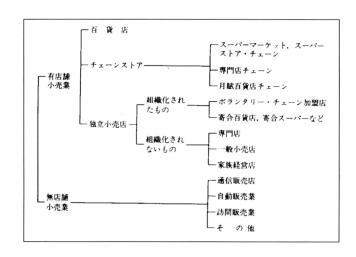

資料5-1　小売業の分類

出所：通産省企画局編『流通近代化の展望と課題』

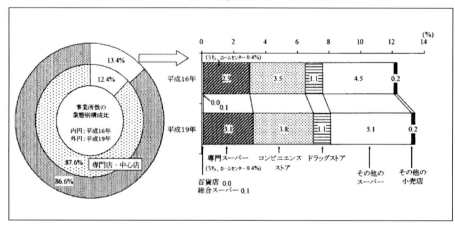

資料5-2　小売業の業態別事業所数の構成比

出所：経済産業省経済産業政策局「平成19年商業統計速報」

スポーツ用品小売ビジネスを考える時も同様に、有店舗と無店舗でのカテゴリー化においては、有店舗小売ビジネスでは集人型コミュニケーションを前提とした新しい業態開発として専門店化、無店舗小売ビジネスでは分散型コミュニケーションを前提とした顧客に対するコンビニエンス化が図られている。

　そこでまずは、有店舗小売ビジネスとして経済産業省の「商業統計調査」における業態別小売業をみてみると、事業所数は、専門店・中心店（98万4600事業所）が9割弱を占めており、その他のスーパー（5万7511事業所）、コンビニエンス・ストア（4万3318事業所）、専門スーパー（3万4954事業所）の順となっている。そして年間商品販売額も専門店・中心店が79兆4183億円（2004年比2.4%増）と最も多く、専門スーパーが23兆6842億円（同年比1.7%減）となっている。

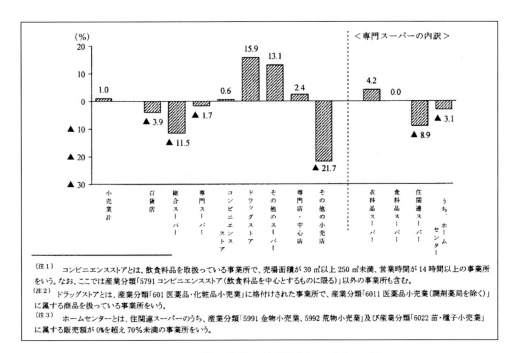

資料5-3　小売業の業態別年間商品販売額の前回比
出所：経済産業省経済産業政策局「平成19年商業統計速報」

　スポーツアパレルにおける業態別小売業では、矢野経済研究所『2012年度版スポーツアパレル市場動向調査』によると、業態のカテゴリーが経済産業省の「商業統計調査」と違いはあるが、国内出荷金額は専門店（1718億3800万円）が34%を占めており、量販店（1338億3200万円）が26.6%、百貨店（639億5700万円）の順となっており、経済産業省の調査と同様な傾向を示している。商品カテゴリー別における業態別市場占有率についての傾向は、次のとおりである。

　専門店（量販店以外のスポーツ店でシラトリ、B&D、ICI石井スポーツなど）では、トレーニングウェアの構成比が最も高く、ここ数年において各種競技種目の専用ウォームアップウェアの充実などによることが考えられる。

量販店（アルペン、ゼビオ、メガスポーツなど9社）では、他の業態と同様にトレーニングウェアの構成比が最も高く、主に日常着としての着用を目的とした需要を低価格衣料チェーンに奪われつつあり、特価商材の仕込みやPB商品の訴求といった施策で対抗しているが厳しい状況であるといえる。

百貨店（日本百貨店協会加盟店）では、ゴルフウェアが5割以上のシェアを占めている。百貨店全体の売上が縮小している影響により、売場が縮小・撤退しているところも見受けられる。

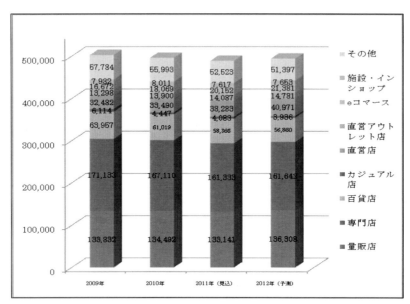

資料5-4　スポーツアパレル業態別国内出荷金額の推移
出所：矢野経済研究所『2012年度版スポーツアパレル市場動向調査』より作成

カジュアル店では、ライフスタイルウェアが最も多い。近年のファーストファッションの台頭により、同業態のカジュアルウェアとの競合が増してきている。

直営店（ナイキショップ、アシックスストアなどでeコマースも含む）では、アウトドアウェアが最も多く、シェアにおいても大きく伸びている。アウトドアブームからエントリー層が定着してよりステップアップした購買行動をみせており、商品販売にとどまらずツアーデスクの併設による情報発信の役割も果たしている。

直営アウトレット店（メーカー自主管理のアウトレット店）では、トレーニングウェアやライフスタイルウェアの構成比が多く、シェアも拡大している。アウトレット専門商品を積極的に投入するなど、価格以外の付加価値により集客につなげている。

施設・インショップ（ゴルフ練習場、フィットネスジム、テニス場など）では、ゴルフウェアが最も多く、フィットネスウェアやテニスウェアに比べ構成比が伸びている。ゴルフ練習場におけるコースレッスンやスクールの強化により物販販売を増やしている一方で、フィットネスクラブの新規出店の停滞などがこの業態に影響を与えていると考えられる。

eコマース（メーカーウェブサイト以外のインターネット販売、カタログ通信販売など）

では、ゴルフウェアが最も多いが、他の商品カテゴリーにも強化が図られており、スマートフォンやタブレット型端末の普及によるさらなる成長が期待される。

その他（スーパー、ディスカウントストア、ホームセンター、家電量販店など）では、トレーニングウェア、ライフスタイルウェアが高いシェアになっている。主に日常における部屋着や街着として着用する需要であるが、イオンなどの大手ゼネラルマーチャンダイズストア（GMS）や一般アパレルメーカーを含めた競合がますます多くなっている。

	量販店		専門店		百貨店		カジュアル店		直営店		直営アウトレット店		Eコマース		施設・インショップ		その他		出荷額	
	全体	カテゴリー	全体	カテゴリー	全体	カテゴリー	全体	カテゴリー	全体	カテゴリー	全体	カテゴリー	全体	カテゴリー	全体	カテゴリー	全体	カテゴリー	カテゴリー	構成比
トレーニングウエア	31.1	25.2	24.8	16.6	3.0	5.5	1.1	29.0	3.1	8.7	5.8	44.4	3.6	19.3	1.0	14.2	28.5	54.4	107,800	22.0
ゴルフウエア	34.1	22.9	9.5	5.3	36.7	56.3	0.0	0.0	6.3	14.7	0.0	0.0	5.7	25.3	4.2	49.4	3.5	6.0	89,600	18.3
アウトドアウエア	13.9	6.7	25.5	10.1	14.2	15.5	1.5	22.7	32.0	53.3	3.1	14.1	1.9	6.0	0.1	1.1	7.8	9.5	63,800	13.0
ライフスタイルウエア	27.0	7.7	14.0	3.3	11.0	7.2	5.0	46.6	8.0	8.0	9.0	24.3	9.0	17.0	0.0	0.0	17.0	12.3	38,080	7.8
サッカーウエア	35.7	9.6	51.4	11.4	0.0	0.0	0.2	1.7	2.1	2.0	4.9	12.4	2.8	5.0	0.8	3.7	2.1	1.4	35,650	7.3
野球・ソフトボールウエア	20.0	4.4	70.0	12.7	0.0	0.0	0.0	0.0	3.0	2.3	0.0	0.0	2.0	2.9	0.0	0.0	5.0	2.8	29,160	6.0
テニスウエア	21.2	3.8	55.4	8.2	9.2	3.8	0.0	0.0	3.5	2.2	0.4	0.7	2.0	2.4	3.9	12.4	4.3	2.0	23,900	4.9
スイムウエア	19.3	2.4	42.0	4.4	15.5	4.5	0.0	0.0	3.1	1.4	1.3	1.6	0.1	0.1	0.1	0.2	18.6	6.0	16,820	3.4
スキー・スノーボードウエア	40.6	4.4	46.7	4.2	0.4	0.1	0.0	0.0	1.5	0.6	0.1	0.1	0.3	0.2	0.0	0.0	10.4	2.9	14,450	3.0
フィットネスウエア	27.0	2.7	18.0	1.5	16.0	3.6	0.0	0.0	11.0	3.8	0.0	0.0	13.0	8.5	11.0	19.0	4.0	1.0	13,170	2.7
陸上競技・ランニングウエア	23.0	2.2	48.0	3.8	11.0	2.4	0.0	0.0	7.0	2.3	2.0	1.8	5.0	3.2	0.0	0.0	4.0	1.0	12,730	2.6
バスケットボールウエア	29.0	2.0	63.0	3.7	0.0	0.0	0.0	0.0	2.4	0.6	0.3	0.2	2.5	1.2	0.0	0.0	2.8	0.5	9,390	1.9
バレーボールウエア	33.5	1.2	59.1	1.7	0.3	0.0	0.0	0.0	1.8	0.2	1.3	0.4	0.0	0.0	0.0	0.0	4.0	0.1	4,750	1.0
その他のウエア	21.0	4.8	71.0	13.3	2.0	1.0	0.0	0.0	0.0	0.0	0.0	0.0	6.0	9.0	0.0	0.0	0.0	0.0	30,290	6.2
全カテゴリー	27.2	100.0	33.0	100.0	11.9	100.0	0.8	100.0	7.3	100.0	2.9	100.0	4.1	100.0	1.6	100.0	10.7	100.0	489,590	100.0

資料 5-5　商品カテゴリー別市場占有率（2011 年）

出所：矢野経済研究所『2012 年度版スポーツアパレル市場動向調査』より作成

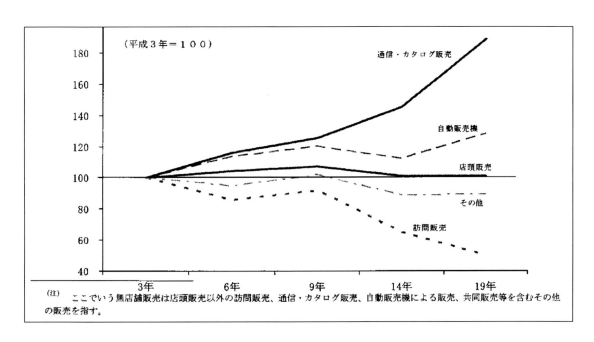

資料 5-6　販売形態別年間商品販売額の伸び

出所：経済産業省経済産業政策局「平成 19 年商業統計速報」

- 61 -

次に、無店舗小売（Non-Store Retailing）ビジネスを経済産業省の「商業統計調査」における販売形態別の年間商品販売額からみてみると、無店舗販売（店頭販売以外の訪問販売、通信・カタログ販売、自動販売機による販売、共同販売等を含む）が 22 兆 8284 億円で、内訳は、訪問販売が 8 兆 3156 億円、通信カタログ販売が 4 兆 10 億円、自動販売機による販売が 1 兆 7720 億円、共同購入等を含むその他の販売が 8 兆 7399 億円となっている。そして、1991 年の年間商品販売額を 100 として指数の伸びをみると通信・カタログ販売が多く伸びている。このようにインターネットの技術革新と普及により「Web2.0」という新しいコンセプトのもと e ビジネスが発展してきており、スポーツにおける小売ビジネスを含め、それ以外においても様々な電子商取引の形態が現われている。例えば、B2C（Business to Customer）では、小売業の取引形態の一つとして導入がさかんに行われており、顧客主体のカスタムメイド（個人注文）によるウェブサイトを活用した商品のオンライン販売などがなされている。また、C2C（Customer to Customer）では、企業や消費者の作成メディアにより顧客同士を結ぶ特定のファン・コミュニティーの形成を図っている。B2B（Business to Business）では、パートナー企業との電子商取引、さらには新たなビジネスモデル設計やグローバルな価値ネットワークの構築がなされている。C2B（Customer to Business）では、消費者の意見を業界のマネジメントに反映させている。今後、無店舗小売ビジネスはさらなる電子商取引の革新（Revolution）によって新しい進展（Evolution）をみせるものと期待されている。

2. 小売業における顧客満足の位置づけとその必要性

高度成長時代の終わり頃までは、わが国ではモノやサービスが全般的に不足していた。そのため、こうしたモノ不足、サービス不足を解消するために、製造業、卸売業、小売業においては、効率的な生産、効率的な配送、効率的な大量販売という商品供給サイド主導の大量生産大量消費システムが実践されていた。このシステムは、いかに良いモノを安く大量に迅速に顧客に提供するかを追求したものであり、それが実現できれば顧客のニーズは満足されるという時代であった。しかし、現在ではモノ不足は解消され、顧客を取り巻く環境は大きく変わり、顧客のニーズは身近な店舗のみならず、車を利用して遠くの店舗に出かけるなど、またインターネットも含めた通信販売の利用など、購入する店舗の選択肢は多様化している。そのため、従来の供給者側中心の発想によるモノ、サービスの提供は、現在の成熟社会においては顧客の支持は得られず、売れない、あるいは利用されなくなってきているのが現状である。

こうしたモノやサービスが溢れている現在、顧客は単にそれらを購入するという単純な行動にとどまらなくなってきた。したがって、顧客はモノやサービスを購入することにより、自分の生活にどのような付加価値をもたらすのかという視点で行動するようになってきたのである。そのため、モノ、サービスを供給する側の企業・組織は、これまでの「どのように新たな技術を活かした商品を作るか」、「それをどうやって売るか」といった供給側中心、いわゆる売り手中心の発想を切り替えて、「顧客がどのようなモノやサービスを望んでいる

のか」を把握し、「それをどのような手段、方法で提供するのか」、「それによって顧客が新たな満足が得られるのか」といった視点で取り組んでいかなければならない時代となっている。

3. 顧客満足（CS）とは

　顧客満足（CS：Customer Satisfaction）とは、「顧客の期待に対応することを基本に、何をどのように提供していくのか、それを達成するために仕組みを作り上げる業務改善活動のこと」と定義できよう。いいかえれば、CS は当該顧客のために直接的・間接的に関連する業務推進の過程において、付加価値を生み出すことを目的とするものである。したがって、その途上で発生する顕在化した問題点は改善し、なお潜在化した問題点から満足要素を発掘するなどして、そこから創造・革新（改革）につなげ、顧客に期待以上の高い満足を継続的にもたらす結果、顧客から支持を受け業績貢献に反映する発展的サイクルをつくる全活動ということができる。アメリカにおいてこうした CS という考えが生まれたのは、1980年代中期の頃であり、わが国に導入されたのは 1980 年代末とされている。

　こうした CS という考え方がクローズアップされたきっかけは、「マルコム・ボルドリッジ（MB 賞）」の創設であるといわれている。MB 賞とは、顧客満足の改善や実施に優れた経営システムを有する企業に授与される賞であるが、別名「米国国家経営品質賞」とも呼ばれ、製造、サービス、中小、教育、医療などの部門があり、授賞式では大統領自らが表彰を行う権威ある賞なのである。

　MB 賞は、1980 年代の米国の国際的競争力の大幅な落ち込みに対処すべく、1987 年のレーガン政権のもとで、製造業再生の戦略的ガイドラインとして、その設立に尽力した商務長官の名を冠して創設された。審査は、「経営品質（TQM：Total Quality Management）」の考え方に基づき、「リーダーシップ」（120 点）、「戦略策定」（85 点）、「顧客、市場の重視」（85 点）、「情報と分析」（90 点）、「人材開発とマネジメント」（85 点）、「プロセス・マネジメント」（85 点）、「業績」（450 点）など 7 部門計 1,000 点満点で採点が行われている。

　MB 賞は、日本生まれの総合的品質管理（TQC：Total Quality Control）を徹底的に研究して作られたものであるが、TQC とは違い、製造工程だけでなく、全社的な経営システムが審査対象となっている。わが国では、この MB 賞が研究された結果、1995 年に創設された日本版 MB 賞といえるのが「日本経営品質賞」である。

　MB 賞の受賞は、企業の提供する「顧客満足」の品質について重要なエビデンスとなり、これまでの受賞企業には、モトローラ、テキサス・インスツルメンツ、リッツ・カールトンなど国際的な大企業も含まれている。しかし、MB 賞の本質的な意義は、優れた企業経営の手法を提示し、その審査基準（クライテリア）をベンチマークとして、他企業の経営品質を向上させることにある。また、MB 賞の審査基準は毎年改訂、公開されており、採点上の基準、優良な企業の基準が明確に定義されることで、各企業はセルフアセスメント（自己評価）によって、自社の戦略やプロセスなどの経営全般について、抜本的、継続的な改革を行うことができ、非常に意義深いものとなっている。

このように、小売業における満足度を高めていくためには、顧客からのクレームや要望を受けてから、どう対応するのか検討を行う受け身の対応では遅く、自ら顧客のニーズ、不満を感じている点などを積極的に収集して分析し、自社の経営理念に照らし合わせることによって、できるものは速やかに実行していくという前向きな対応が重要となるのである。

4. スポーツ用品における小売ビジネスの展望と課題

小売ビジネス発展の歴史的変遷過程は、洋の東西を問わず多くの類似性が見られたことは確かである。特に近代的小売ビジネスなるものが顕著な展開をみせたのは、ここ130年〜140年くらいの間であり、近代的小売オペレーション技術などといったもののほとんどがアメリカで誕生したものである。日本の小売業界は、アメリカが辿ってきた変遷のプロセスを、戦後のある時期から短時日のうちに集約的に経験しながら日本的に小売オペレーション技術を圧縮しデフォルメしてきた。したがって、先駆的な発展をしているアメリカの近代的小売業の変遷を理解することは、今後のスポーツ用品店のあり方の一端を示すものとして大きな意義があるといえる。以下のその変遷について紹介する。

アメリカの近代的小売業の変遷

● 1860年頃から百貨店

当時の都市に集中した豊かで購買力のある市民の愛顧動機を充足させる革新的な方法、例えば正札販売、現金販売、商品保証、返品自由といった方式や、多種で豊富な品揃えと大量陳列によるワンストップ・ショッピングの提供、部門制の採用、低マージン・高回転による低価格の実現によって、大量販売方式の近代的小売タイプを築き上げた。日本では1886年に白木屋、1895年に三井呉服屋、1904年株式会社三越呉服屋が百貨店を導入した。

● 1900年代　メール・オーダー・ハウス

購入したい品目の多くを店(ジェネラル・ストア：よろず屋)で入手するこができなかった農村地区では、カタログを通じて提供される広範囲な商品の写真や絵から購入を検討し、より多くの選択幅を与えたことから、通信販売小売を支えるのに十分なだけの展開を遂げた。

● 1920年代　チェーン・ストア

小売商は、自らの営業経験を利用した新規店を他の立地においてオープンにすることが可能になり、そこで成功すれば、他の都市へ、さらに終局的にはアメリカ全土へと、その活動範囲を拡大していくことが可能となった。大規模小売商化したチェーン・ストア経営のスケール・メリット圧力に対抗して生まれた独立小売商の代表組織が、ボランタリー・チェーンであり、小売商自らが主宰するコーペラティブ・チェーンである。

● 1930年代　スーパーマーケット

不況に疲れた消費者のために、セルフ・サービス、低い地代、金のかからない設備、現金もち帰りといった方式の採用により低価格を実現して成長を遂げた。その発展を一層促進した基盤と背景としては、①自動車所有の一般化、②各家族における冷蔵庫の普及とその大

型化、③包装技術（事前包装）の高度化、といった生活手段あるいは生活技術における向上がある。日本では、1953 年東京・青山に最初のセルフ・サービス方式による食料品スーパーマーケットとして紀ノ国屋が開店した。

● 1940 年代後半から 1950 年代　ディスカウント・ハウス

スーパーマーケットが食品中心の小売機関としてスタートしたのに対して、ディスカウント・ハウスは、耐久消費財の分野からスタートした。価格訴求を武器に物的設備や、サービスは最小限にとどめ、地価の安い郊外に立地するものであった。

● 1950 年代　オフプライスリテーラー

ハイクオリティー商品の販売、ソフトグッズのみの販売、価格・品質・ファッションを強調し、「二流の立地」を選ぶ傾向と異なった仕入れ方法、メーカーへの現金支払、より小さな店舗・低経費率で 1950 年代のディスカウンターとの差異を強調していた。

● 1960 年代以降　ショッピングセンター、コンビニエンス・ストア

都市化現象と郊外化の一層の展開とモータリゼーションにより、郊外もしくは準郊外地に主要なハイウエイに沿って開発され、広大なスペースを特徴とする計画的・総合的センターとして、ネバーフードやコミュニティ、そしてリージョナルなどのタイプによりショッピングセンターが開発されている。そして、その巨大化・郊外化による隙間をぬって場所的・時間的に不便を消費者に感じさせないようにコンビニエンス・ストアが登場した。

● 現代における小売

スーパーストア（Superstore）：通常のスーパーマーケットの約 2 倍の規模をもち、定期的に購入される食品および非食品の豊富な品揃えに加え、ドライクリーニング、郵便局、写真仕上げ、キャッシングその他のサービスを提供する巨大店舗。

コンビネーションストア（Combination Stores）：食品とドラックストアの結合されたもの。平均的規模でいうとスーパーマーストアの約 2 倍である。

ハイパーマーケット（Hypermarkets）：スーパーマーケットとウエアハウス小売を結合した巨大な小売機関。限定サービスのコンビネーションディスカウントストアで典型的には通常の小売価格より 10% から 15% 引きで食品・非食品を販売している。

ディスカウントストア（Discount Store）：通常商品を、より低マージンで大量販売するという考えに立脚し、低価格で販売する小売機関。時々または特別な場合にディスカウントするような店は違う。ほとんどがナショナル・ブランドである商品を常時、低価格で販売する。

ジェネラル・マーチャンダイズ・ディスカウンター（General Merchandise Discounters）：アメリカ中のどの都市にもみられ、消費者はそこで家族のための衣類、家具、エレクトロニクス、化粧品、食品、玩具、スポーツ用品、薬品などを安価で購入でき、主として大量仕入れがそれを可能にしている。

ウエアハウス・ストア（Warehouse Stores）：ある種タイプの商品とくにグロサリー（食料雑貨）、医薬品、ハードウェア、ホーム改良製品、家具などを、倉庫のような雰囲気・施設と限られたサービスで提供する小売業者。

バラエティ・ストア（Variety Stores）：多様な商品すなわち文具、ギフト用品、婦人アクセサリー、トイレット用品、軽量のハードウェア、玩具、家庭用品、菓子類といったものを、低価格およびポピュラーな価格帯で販売する機関。

カテゴリーキラー（Category Killers）：深い選択肢とある程度の巾を特徴とする巨大で低価格の限定ライン店であり、その名が示すとおり特定の製品カテゴリーで競争力をもつことを意図する。スポーツオーソリティー、スポーツマート、オッシュマンなど。

ファクトリーアウトレット（Factory Outlets）：メーカーによって所有・運営され、通常ではメーカーの余剰品、非継続品あるはイレギュラーな商品をもつオフプライスリテーリングである。一緒にグループを組んでファクトリーアウトレットモールやバリューセンターを形成することもある。

ホールセール・クラブ（Wholesale Club）：メンバーシップウエアハウスと呼ばれることもあり、ブランド選択巾は限られるが、年間会費を支払ったメンバーに大きなディスカウントで、グロサリー、器具類、衣料などを販売するオフプライスリテーラー。ウォルマートが所有するサムズクラブ（Sam's Club）やコストコ（Costco）など。

　このような新しい業態開発は、従来の業種中心の小売業に大きなインパクトを与えてきたが、このことは、顧客を駅前の大型店で引きつけることから、中型店で住宅街付近まで売手側がいくことで顧客に接近していく。さらには住宅のすぐそばに小型店で近づくといったように、顧客に対していかに購買便宜を図っていくかといったことが問題にさらされてきた。その延長線に、訪問販売、カタログ・通信販売、テレビ・ショッピング、インターネット販売といった無店舗販売が伸びてきた理由がある。販売競争も駅前で顧客を大店舗で引きつけるという点の段階から、地域に広がる面展開の時代にきている。そして顧客がわざわざ店舗にまでいくだけの魅力を持つことが店舗経営には要求されてきており、これからのスポーツ用品小売業経営としては、顧客のそばに近づくのか、逆に引きつけるだけの魅力を持つかの性格を明確にしなければならない段階にきている。それと同時に、低価格や低コストでの調達と複合的なメリットを活かして、特定の店舗やショッピングセンターといった空間に人々を集めて商品やサービスを提供する集人型コミュニケーションと、インターネットを通じてのバーチャルな組織や、架空商店街など、パーソナルセーリングといった特定の顧客を意識した分散個別提携型コミュニケーションとを重視したマーケティング戦略を現実化していけるかが課題となろう。

【展開課題⑤】

- CS（顧客満足）とは何か。
- CS（顧客満足）は、なぜ必要なのか。

【関連資料⑤】
逆境をバネにグローバル企業をめざす　アルペンの 21 世紀戦略

　40 年前、愛知県で 15 坪の店舗からスタートしたスポーツ用品販売のアルペン。今では店舗数 375 店、売り上げ 2000 億円の大手企業に育った。創業者で社長の水野泰三は常に逆境をバネに成長路線を突っ走ってきた。次の目標は「世界一のスポーツ企業をめざしたい」と、その ベンチャースピリットは衰えを知らない。

■困難がアルペンを強くした

　名古屋市の中心街、中区丸の内。この一角にひと際高く聳え建つビルがある。秋晴れの陽に輝いて、辺りのビルを睥睨している。アルペンの本社だ。その最上階の社長室。先ほどから水野泰三が腕組みをして沈思黙考している。

　月 2 回開く役員会を前に、気息を整えているのか。窓外には、右手に鈴鹿山脈が一望され、その左に目を向けると名古屋港、さらにその先には太平洋が広がる。その雄大なパノラマを見ながら、世界一のスポーツ企業の構想でも練っているのだろう。

　創業して 40 年、来年の 2013 年 6 月期は売り上げ 2000 億円の大台を超える。これまでの王者、ミズノをおさえて業界最大手級になる。次の目標は当然、世界一のスポーツ企業になること。すでに 60 歳を超えているが、スキーで鍛えた体は敏捷で、その目は獲物を狙うピューマのようにランランと輝く。

　「早いものだ。もう 40 年も経ったか」。水野は創業時のことを昨日のように鮮明に憶えている。七転八倒しながら、ガムシャラに突き進んだ創業時代が懐かしい。いつしか、水野は創業時の思い出にふけった。

　創業は 1972 年 7 月、名古屋市西区押切に 15 坪のスポーツ用品店としてスタートした。水野 23 歳の時である。スポーツ専門店のシロヤスポーツで 1 年間、修業したあとの独立であった。押切店はシロヤスポーツの目と鼻の先にあり、「シロヤの在庫を自店の在庫のように使わせてもらった」。

　1 年目の売り上げが 3000 万円、2 年目が 6000 万円と、順調に事業は拡大していった。初めての危機は創業翌年の春に訪れた。

　早朝、店を出していたビルの 1 階にうどん屋を出している奥さんにたたき起こされた。

　「水野さん、大変だよ！泥棒が入って、お宅の商品が盗まれているよ」

　1 階に下りていくと、昨日仕入れたばかりのゴルフ用品約 300 万円分がごっそり盗まれていた。水野は創業資金 300 万円でスタートした。150 万円を問屋に保証金として納め、残り 150 万円で 1 号店の内装に使った。当時の 300 万円は水野にとっては大金だった。その 300 万円の商品が全部盗まれたのだ。

　水野は途方に暮れた。「どうして難局を乗り切るか」水野は寝ずに考えた。そして、奇策を考え付いた。新しく 300 万円のゴルフ用品を仕入れ、売り切ることで前の 300 万円を含めて 600 万円を支払うというもの。返済期限は 90 日後の 8 月のお盆、それまでに商品を売り切らなければならない。

40 年前の日本経済は高度成長期とはいえ、簡単に売り切ることは出来ない。そこで水野は窮余の一策を考えた。「仕入れ値に近い値段で安売りしよう」

これが当たった。ゴルフ用品は飛ぶように売れ、無事、600 万円を完済した。

水野は危機を脱出するとともに、一つの教訓を得た。「安売りこそは最大の顧客サービスだ！」と。それから「だから安いです！」というキャッチフレーズで安売りを敢行、店は大繁盛した。

■PB 商品づくりに乗り出す

しかし、順風は長続きしなかった。新たな危機がアルペンを襲った。同社の安売りに他のスポーツ用品販売店が猛反発、問屋・メーカーに猛抗議したのである。スポーツ用品販売店の組合は 200 社、問屋・メーカーは 15 坪のアルペン 1 社の安売りを放置しておくわけには行かなくなった。

水野に最後通牒が付きつけられた。問屋・メーカーはアルペンが注文した 6000 万円分の商品を突然、キャンセルしてきた。小売店は売る商品がなければ、商売を続けられない。万事休すである。普通の小売店なら、問屋・メーカーに白旗をあげるところだ。しかし、水野は従わなかった。

「顧客のためにやっていることが何故悪い。問屋・メーカーが商品を供給しないのであれば、自分で作るしかない」。プライベートブランド（PB）商品づくりの始まりだ。

水野は当時 23 歳だった石田吉孝（現・取締役商品本部副本部長）に「韓国に行って、商品を作って来い」と指示した。石田は韓国のメーカーにスキーウェアを作ってもらうことになった。自分たちで作ってみて驚いた。1 万 5000 円もするスキーウェアが 10 分の 1 の 1500 円で出来る。半分の 7500 円で売っても充分な利益を確保出来た。

苦い経験も味わった。コストを削減するため、海外メーカーに圧力をかけるとメーカーは例えば 20％コスト削減を要求すれば、20％サイズを小さくした。「S サイズは子供服みたいに小さくなった」と水野は笑う。

1978 年 2 月に委託生産、商品開発会社、ジャパーナ・インターナショナル（現ジャパーナ）を設立、本格的な PB 商品づくりに乗り出した。そのためにはデザイナーが必要。地元のデザイナー学校である名古屋モード学園を訪れ「優秀なデザイナー2 人を採用したい」を申し入れた。しかし、モード学園にはアルペンなど名の知れない中小企業にうちの学生を入社させる訳には行かないと断られた。

仕方なく、「アルバイトでいいから 2 人紹介してほしい。その代わり一番優秀な学生を紹介してもらいたい」と頼んできてもらったのが、伊藤（旧姓臼井）泉と澤井（現姓土井）幸子。2 人は数億円の注文をこなし、仕様書の様式決定からデザイン、素材、パターン、検品まで手掛けた。2 人は翌年には社員として入社した。

1981 年には、中国企業の江蘇省土産畜産公司との合作によって、スキーセーター・ジャケット・アンダーシャツの委託加工を始めた。先方の設備は真っ黒に汚れており、白ウェアが作れず、プレス、裁断、縫製なども全く満足の行くものではなかった。そこで、ミシン、裁断機、プレス機などを無償供与し、体制を整えて行った。

93年には中国に100％出資の無錫ジャパーナ体育用品有限公司を設立した。「今、考えるとぞっとするほどのリスクテイクだったが、中国生産の礎として多くの成果を得た」という。

今やPB商品の売り上げは全体の26％に達し、アイテム数では50％に達している。サプリメントからスポーツシューズ、電動自転車までその種類は幅広い。

300万円の商品を盗まれ、破れかぶれの安売りを敢行、そのため問屋・メーカーから出荷停止を食らい、仕方なくPB商品づくりを始め、それがアルペンの驚異の発展につながった。「泥棒さまさまです」と水野は冗談まじりで述懐する。正に困難が今日のアルペンを創ったと言っていい。

1976年12月、初の郊外店として一宮インター店（250坪）をオープンした。ペガサスクラブの米国視察団に参加して、大型ショッピングセンターを見学、モータリゼーションの到来を予感した。

1981年には、念願の関東進出を果たした。新宿店、草加店、相模原店を出店、82年の売上高は100億円に達した。店舗数は15店、社員は275人に増えた。

■ヤマハのスキー部門を買収

1997年2月18日、水野は日本経済新聞の記事に釘付けになった。「ヤマハがスキー用品事業縮小、板など生産休止」の見出しが目に飛び込んで来た。

ヤマハは長年にわたりスキー用品のトップメーカーであり、水野の憧れの企業だった。そのヤマハがスキー部門から撤退するという。水野はすぐさま旧知のヤマハ専務だった石村和清（97年ヤマハ社長に就任）に電話、スキーに関連する特許、チーム、製造設備の買収を申し入れた。

数ヵ月後、水野はヤマハの石村とともにスキー部門買収の調印式に臨んだ。ツインチューブ製造の技術譲渡、製造設備買収のほか、ヤマハスキー部監督の大高弘昭（現ジャパーナ営業部長）とスキーチームの移籍が実現した。オリンピックでメダリストまで輩出した。

2002年6月期にはミズノを年間売り上げで抜いた。同年6月期のアルペンの売上高は1521億円、ミズノのそれは1440億円でスポーツ用品分野の主役が入れ替わった。ミズノはアルペンにとっては雲の上の存在だった。本社ビル内に設けたジムでそれを抜き去ったのだ。

2012年6月期には売上高1995億円を達成、2013年6月期に2000億円の大台超えを確実にしている。創業41年での2000億円達成は企業家としての勲章である。

しかし、水野はこれに満足しない。次の目標は世界一のスポーツ企業を目指すこと。世界にはナイキ（売上高1兆5000億円）、アディダス（同1兆3000億円）などの巨人が立ちはだかっているが、水野は一歩一歩前進して、これら巨人との戦に挑む。

■13年で800店舗体制へ

水野がまず、取り組むのは店舗戦略。アルペンは現在（2012年6月末）、業態別にウインタースポーツ用品を販売するアルペンを81店舗、ゴルフ用品を扱うゴルフ5を190店舗、その他のスポーツ用品全般を手掛けるスポーツデポを104店舗有し、計375店を全国に展開している。

これを 13 年後に約 800 店舗に増やす。水野の計算では、各業態の店舗を人口 30 万人に 1 店の割合で出店出来ると考えており、単純計算では 1200 店まで可能。堅く見積もって、800 店という数字を打ち出した。

現在、毎年 30 店舗のペースで出店しており、「13 年後には 800 店まで出店が実現可能」とみている。このため、ローコスト経営が出来るように、店舗の隅々まで効率化を進めている。

これまでのアルペンは水野泰三という 1 人のカリスマによって不可能を可能にしてきた。しかし、いずれ次の世代にバトンタッチしなければならない。その時はカリスマ社長でなくても、計画通りの売り上げを達成できる組織経営に移行する必要がある。水野はそれを見越した店舗運営を目指している。

国内で 800 店舗体制を固める一方、海外にも撃って出る。その第一弾として、2012 年 8 月に上海に現地法人愛蓬中国商貿有限公司（資本金約 8 億円）を設立した。これまでの中国は生産基地として重要だったが、愛蓬有限公司は市場としての中国を見据えた布石である。13 年春に上海市内に海外初となる店舗を オープンする。「スポーツデポ」と「ゴルフ 5」を構える。

中国はロンドンオリンピックでもめざましい活躍を見せ、金メダル 38 個、銀メダル 27 個、銅メダル 23 個とトップの米国に次いで 2 番目に多くのメダルを獲得、かつてのソ連のようなスポーツ王国を築いている。しかし、レベルが高いのはオリンピック選手だけで、一般の青少年はほとんどスポーツになじんでいない。日本では学校の授業として水泳、柔道、剣道などを学ぶが、中国では授業にスポーツは含まれていない。

「もし、日本や欧米のようにスポーツが一般国民の間に普及すれば、巨大な市場になるちがいない」と水野は期待する。

日本でも理論上は 1000 店舗体制が可能なので、中国でスポーツが普及すれば、2000 から 3000 店舗体制も夢ではない。水野が現地法人をつくり、本格的な店舗展開を準備するのはそのためである。

店舗戦略とともに、物流事業のグローバル化にも取り組んでいる。PB 商品のアイテム数が全体の 50% に達し、中国などアジアで作り、日本の店舗網で売るとなると、グローバル化物流システムの構築が急務となる。

その第一弾として、2013 年春から現在の愛知県の倉庫のほかに関東、九州にも倉庫を設けるほか、中国にも 2 つ倉庫をつくり、物流システムのグローバル化を確立する。

■カンボジアにも生産拠点

PB 商品の開発にも力を入れる。アルペンは問屋、メーカーから商品納入を止められたこともあって、創業期から PB 開発に取り組み、現在、PB 商品の売り上げ比率は全体の 26% に達している。アイテム数の比率は全体の 50% を占め、PB 開発陣は 200 名になる。強化の一環として、無錫ジャ パーナ体育用品有限公司がカンボジアに現地法人「ジャパーナカンボジア」を設立した。2013 年からスポーツウェア、グローブなどを生産する。生産拠点を 中国から東南アジア全般に広げる考えだ。

それだけに、水野もPB商品の開発には意欲を示す。「これからはスポーツシューズ、自転車、サプリメントなどを開発、売り上げ比率も50%に近づけたい」と水野は語る。

　水野は23歳で創業、仲間と夜を徹して夢を語り合い、不可能を可能にしてきた。40年間で社員3019人、店舗数375店、年間売り上げ約2000億円のスポーツ関連企業を創り上げた。その原動力は水野の不屈のベンチャースピリットにある。アルペンを「青春の器」と称したジャーナリストもいた。

　創業期のアルペンは既存秩序の破壊者であった。同業他社から文句が出るほどの安売りを敢行、問屋メーカーが商品納入を差し止めると、自ら海外に出かけてPB商品の開拓に乗り出した。「SPA（製造小売業）という洒落た名称は知らなかったが、ユニクロさんより当社が早くSPAに取り組んでいったのではないか」と水野は自慢する。

　しかし、水野が危惧するのは創業期のたぎるようなベンチャースピリットがアルペンからなくなっているのではないか、ということである。これは水野一人の悩みではない。ある程度成功した企業家全てが抱える悩みである。ファーストリテイリングは2013年8月期に企業家の金字塔である売り上げ1兆円を達成する予定だが、同社社長の柳井正は「当社はベンチャー企業だ。常にチャレンジ精神を持て」と部下に檄を飛ばす。

　アルペンも創業40年、売り上げ2000億円達成を機に、今一度、創業期の破壊者を目指したいと水野は思っているのではないか。好きな戦国武将は誰かと尋ねると、即座に秀吉！と答えた。百姓の伜から天下人に登り詰め、朝鮮、明まで望んだ気宇壮大な武将、豊臣秀吉はベンチャーの中のベンチャーと言える。

　アルペンが世界ブランドに発展して行くには何が必要だろうか。「世界に誇れるような製品、ブランドが欲しい」というのは野村證券の小売部門アナリスト、池内一。確かに、アルペンのPB商品の中には、イグニオ、キスマーク、のようにヒットしたブランドはあるが、ファーストリテイリングのフリース、ヒートテックのような一世を風靡した商品はない。世間を驚かすような商品を世に送り出して欲しい。

　PB商品の開発はアルペンの特徴だが、同時に油断すると同社の業績を下げるアキレス腱にもなる。ライバルのゼビオはあまりPB商品を扱っておらず、問屋・メーカーからの仕入れ商品を販売している。返品も可能で、売れ残ったら問屋・メーカーに返せばいい。ところがアルペンはPB商品を売り切らないと、在庫として経営の足を引っ張る。「それがアルペンの　課題の一つ」と指摘する声もある。

　自前主義の強みを活かして、PB商品をいかにNB商品に変身させて行くことが出来るか、グローバル企業に脱皮して行くアルペンの課題かも知れない。

（『企業家倶楽部』「アルペン特集」2012年12月号）

第6章 マーケティング倫理と法

1. 経営倫理・マーケティング倫理とは

広辞苑によれば、倫理とは「人倫のみち。実際道徳の規範となる原理。道徳。」としており、この人倫のみちを解釈すると「人としてのみち。人のふみ行うみち。」ということができる。したがって、企業を組織の人格としてみた時、経営倫理とは、「企業や組織としての道。企業あるいは組織としてふみ行うみち」といえる。つまり、経営倫理や行動基準は、組織環境、社員の行動を規定するものであって、経営理念を具現化するものといえよう。いいかえれば、その経営理念は、企業文化の源となることを考えると、経営倫理や行動基準は企業文化の源流に存在する原点となるものということができる。

マーケティング倫理は、経営倫理の中でも消費者と密接な関係を有し、直接の接点をもつ領域である。企業行動の視点からも、マーケティング倫理は企業と消費者、さらには広く環境・地域社会との交流など社会全般とのインタラクションをつかさどり、マーケティング的視点から倫理問題を考え、企業経営全般の行動変容に影響を与える重要な概念である。アメリカでは、すでにマーケティング協会が独自の倫理規程を有しているが、残念ながら日本におけるマーケティング団体の多くは、現在未確立といっても過言ではない。

アメリカのマーケティング協会（AMA : American Marketing Association）では、マーケティング倫理を「製品開発、パッケージング、流通チャネル、営業、競争関係、宣伝広告、価格など企業のマーケティングに関する考えと行動に関係して、その判断基準となる倫理の概念」と定義している。

但し、ここで注意しておかねばならないのは、経営倫理が企業不祥事の予防だけに止まるものではなく、その概念を前提として企業の持続的発展に貢献することが最終目的であり、その意味から正しくはマーケティング倫理においても同様といえる。

マーケティング倫理とは、企業不祥事を予防するプロアクティブな概念としての「予防倫理」だけでなく、企業を取り巻くステークホルダーと協働して経営ビジョンを追求する明確な経営理念が背景となり、交換取引の対象となる顧客満足、さらには顧客の概念を広義に捉え市民社会、環境・企業品質・人権など今日的課題に積極的に適合するポジティブな「積極倫理」の概念も有するものである。さらにその対象領域は、視点を変えれば交換取引の直接の顧客となる「ミクロ」の領域と、人間・社会・環境志向に対応した「マクロ」の領域に区分される。したがって、従来の「倫理」という概念が有する規範論的価値観にとどまることなく、企業の夢を語り、理想象を追求する先進的な価値観も内包したステークホルダーとの「共生のマーケティング倫理」であることを理解しておかねばならない。

2. スポーツビジネスのグローバル化——マーケティング活動における諸問題

FIFA ワールドカップの公式球として用いられる手縫いのサッカーボールは、長らくアディダスが提供している。この手縫いのボールは、生産下請として主に賃金の安い発展途上国

で生産されており、その生産高の多いのはパキスタン、インド、中国、インドネシアで、パキスタンは約70%、インドが約10%、中国が約15%を占めている。スポーツ用品産業は、多国籍企業が抱える一般的な問題（生産の低コスト化に伴う低賃金、不当労働行為、人権侵害など）にとどまらず、スポーツ商品の生産に関わる問題がある。いわばニッチな市場で独占的な地位を築くため独自の技術力に裏打ちされたブランドの確立が必要不可欠であり、世界的に知名度の高い選手との契約をもとにCMでの露出度を高め、ロゴを効果的に使用したイメージ戦略としての情報宣伝が繰り広げられている。

　ナイキを例にみてみると、1980年代にプロバスケットボール選手のマイケルジョーダンとの契約において支払われた金額は、インドネシアのナイキ工場で働いている女性労働者3万人分の年収以上であったといわれている。ナイキはこのようなスウェットショップ（Sweat Shops『搾取工場』）問題に対して、アジアにおける契約工場の労働環境については現地で受託した企業の問題であると主張した。契約上の法的側面ではナイキの主張どおりであるが、グローバルに展開する企業においては、環境問題に加え人権や労働に配慮した企業活動が求められている。つまり法的な妥当性があるからといって下請け企業の問題として責任を回避することは許されるものではなく、同時に倫理的な妥当性をも満たすことが求められており、このような企業の社会的責任を果たすことができなければ、優良企業としての評価を下げ、結果的に業績にも反映することを示した事例であるといえよう。

　さらに、グローバルに活動するスポーツ用品メーカーにとって、マーケティング諸活動においても同様な社会文化的および倫理的な側面での問題が以下のとおり発生している。

- 1994年にマクドナルドは、ワールドカップに出場した24カ国の国旗をあしらった使い捨てバッグを200万個作り、イスラム教徒たちの不興を買った。サウジアラビアの国旗には、コーランから引用した大切な一節が入っており、それを使い捨てるというのはイスラム教の信仰上許さないことだったのである。
- 1996年にリーボックは、女性用のランニングシューズに、「インクブス（Incubus）」という名前をつけた。インクブスは神話に登場する、就寝中の女性の部屋に忍び込んで性行為をしようとする悪魔のことである。リーボックは、社内のマーケティングチームがこの名前を推薦したと説明した。さらに同社の法務部は、その名称がどこからも商標登録されていないことを確認していた。しかし、誰もその言葉の別の意味を辞書で確かめることせず、その商品がターゲットとする市場にふさわしい名前かどうかを確かめることもしなかったのである。
- 1997年ナイキは、新しいナイキシューズのサンプルのロゴが、アラビア語で「アラー」と書かれているように見えることでトラブルを起こした。ナイキは、デザインが意図したのはAIRのロゴが炎に包まれていることを表現したにすぎないと主張したが、AIR（アメリカ・イスラム関係）評議会は、その不快なデザインに対して謝罪を求めた。イスラム教徒は、足はもともと身体の不潔な部分だと考えていたためである。ナイキは、まだシューズは試作品の段階だと釈明したが、「アラーを晒せ（エア・サラー）」と書か

れた試作品のいくつかがシューズ店の棚に並んでしまったのである。

資料6-1　問題となったナイキのシューズ

- 1999年イギリススポーツメーカーのアンブロ（Umbro）社は、ランニングシューズに「ザイクロン（Zyklon）」という名前をつけた。しかし、その名前のシューズが出まわった後、2002年になってザイクロンが第二次世界大戦中にナチスが強制収容所でユダヤ人を殺す時に使った毒ガスである「ザイクロン・B」と同じ名称であることがわかった。ユダヤ系の活動団体は、アンブロの無神経さにすぐ反応した。同社のスポークスマンは、シューズの名称が毒ガスと同じだったのは「まったく偶然だった」と釈明したが、もしアンブロがその偶然に気づいていなかったとしても、同社の幹部は、前もってインターネットの検索エンジンなどでその名前の意味を調べるべきだったのである。シューズの名前はその後、すぐに「ステルス・プラン」に変更された。

「法は倫理の最下限」ともいわれるように、法令遵守はもちろんのこと、スポーツ組織体が法律を越えたところで自主規制責任に基づき倫理規定を設定していくことが求められており、今後の重要な課題といえよう。そして、スポーツの持つ好ましい各種のイメージをさまざまな意味において、企業は利用しようとする。したがって、スポーツを現実のあり方の中で眺め直し、実場面に照らして検証していくことが重要である。スポーツが持つとされる価値や機能はますます高く評価される傾向にあり、「過小評価」にせよ「過大評価」にせよ、少なくとも社会科学としての経営学の立場からすれば常に一定の警戒の目で、これを眺めていくことが必要である。

3．小売業の市場構造の変化——ビジネス・コンプライアンスの重要性

　日本標準産業分類（2007年11月改定）では、その他の小売業・スポーツ用品・がん具・娯楽用品・楽器小売業（605）のスポーツ用品小売業（6051）に分類され、主として各種の

スポーツ用品を小売りする事業所をいう。そして、運動具小売業、スポーツ用品小売業、ゴルフ用品小売業、釣具小売業、狩猟用具小売業、スポーツ用靴小売業（スキー靴、スケート靴、登山靴、スパイクシューズなど）、運動衣小売業（野球用ユニホーム、剣道着、柔道着など）、ジェットスキー小売業、サーフボード小売業、登山用品小売業（登山ザック、登山用テントなど）などがある。

経済産業省の「商業統計調査」によると、2007年における卸売・小売業の事業所は147事業所（2004年比8.8％減）、年間商品販売額は545兆円（同年比1.2％増）、従業者数は1113万人（同年比3.7％減）であった。年間商品販売額は1991年の調査以来6調査ぶりに増加した。

		事業所数	構成比(%)	前回比(%)	年間商品販売額(億円)	構成比(%)	前回比(%)	就業者数(万人)	構成比(%)	前回比(%)	売場面積(㎡)	前回比(%)
商業計	平成16年	1,613,318	100.0	▲3.9	5,387,758	100.0	▲1.8	1,233	100.0	▲2.2	-	-
	平成19年	1,470,995	100.0	▲8.8	5,452,506	100.0	1.2	1,171	100.0	▲5.1	-	-
卸売業	平成16年	375,269	23.3	▲1.1	4,054,972	75.3	▲1.9	396	32.1	▲5.2	-	-
	平成19年	334,240	22.7	▲10.9	4,106,789	75.3	1.3	364	31.1	▲8.0	-	-
小売業	平成16年	1,238,049	76.7	▲4.8	1,332,786	24.7	▲1.4	838	67.9	▲0.8	137	18.1
	平成19年	1,136,755	77.3	▲8.2	1,345,717	24.7	1.0	807	68.9	▲3.7	159	16.1
スポーツ用品小売業	平成16年	17,262	-	-	14,334	-	-	76,327	-	-	165	-
	平成19年	15,142	-	▲1.1	12,976	-	▲9.5	73,118	-	▲4.2	196	18.8

資料6-2　卸売・小売業の事業所数、年間商品販売額、就業者数
出所：平成16・19年商業統計調査より作成

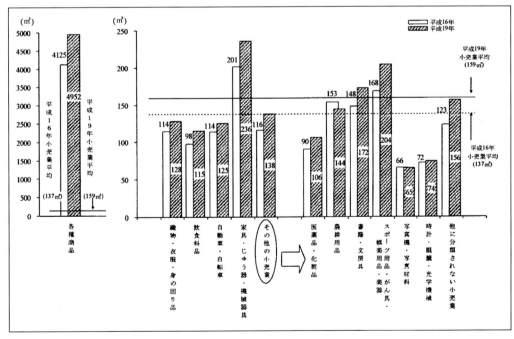

資料6-3　小売業の業種別1事業所あたりの売場面積
出所：経済産業省経済産業政策局「平成19年商業統計速報要旨」

スポーツ用品小売業についてみてみると、2007年における「スポーツ用品小売業」事業所数は1万5142カ所（2004年比2120カ所減）、年間商品販売額も約1兆2976億円（同年比0.9％減）で、売場面積は、297万2262平米（同年比4.5％増）、従業者規模が4名以下の事業所は約75.2％、100名以上の事業所は約0.05％であった。一事業所当たりの売場面積については商業統計小売業の業種別一事業所当たりの売り場面積よりも196平米（同年比18.8％増）と拡大幅も大きく、大型量販店の進出が顕著であることを表している。

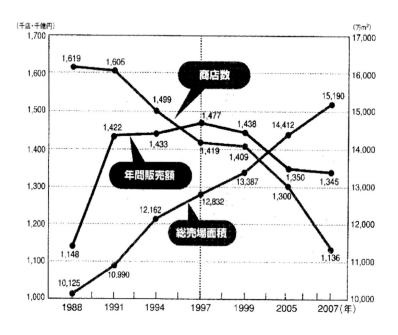

資料6-4　小売業の事業所数、年間販売額、総売場面積の推移
出所：日野眞克『マーチャンダイジングとマネジメントの教科書』NFI

　このことは、市場構造が大きく変化していることを反映しており、小売業の事業所数、年間商品販売額、総売場面積の推移から明らかである。小売業の年間販売額は、1997年の約147兆円をピークに、以降戦後はじめて減少に転じ、2007年の同総額は約135兆円まで減少している。そして、小売業の総売場面積は拡大し続けているが、一店舗当たりの売上は減少しており、オーバーストアの状態になっているといえる。さらに、事業所数が減少しており、大手小売業者の集約化が進行しており、スポーツ用品小売業も同じ傾向といえる。
　信用調査会社の㈱帝国バンク「スポーツ用品小売業者の倒産動向調査」によると、2005年以降（〜2010年11月迄）のスポーツ用品小売業者の倒産は214件発生している。また2007年以降の増加が顕著となっており、2010年は11月までに34件発生している。2007年以降の小売業の年間販売額の低下とオーバーストア化は、スポーツ用品小売業にも大きな影響を与えているといえる。本調査における分野別の倒産では「ゴルフ関連」が構成比24.6％と最も多く、負債額別では「1億円未満」が同68.7％、倒産態様別では「破産」が同91.6％、倒産年齢動向（企業が設立されてから（個人事業者の場合は創業から）倒産するまでの期間（倒産年齢）別）では「30年以上」が29.0％を占めていた。

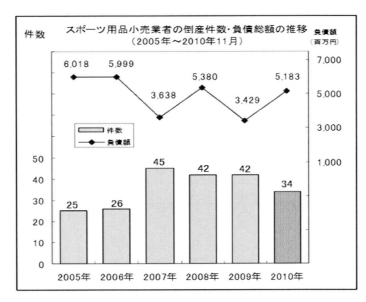

資料6-5　スポーツ用品小売業者の倒産件数・負債総額の推移
出所：㈱帝国バンク「スポーツ用品小売業者の倒産動向調査」

分　野	件　数	構成比 (未詳を除く)
ゴルフ関連	43	24.6%
釣り関連	34	19.4%
野球・サッカー・テニスなど全般	32	18.3%
マリンスポーツ・ボート関連	25	14.3%
スキー・スノーボード関連	12	6.9%
野球	9	5.1%
テニス	4	2.3%
登山・アウトドア	3	1.7%
剣道・柔道	3	1.7%
ラグビー	2	1.1%
卓球	2	1.1%
サッカー	2	1.1%
その他	4	2.3%
(未詳)	39	―
合　計	214	100.0%

資料6-6　負債における分野別動向

倒産態様	件数	構成比
破産	196	91.6%
民事再生法	13	6.1%
特別清算	5	2.3%
合　計	214	100.0%

資料6-8　倒産態様動向

負債額	件数	構成比
5000万円未満	106	49.5%
5000万～1億円未満	41	19.2%
1億円～5億円未満	54	25.2%
5億円～10億円未満	8	3.7%
10億円～50億円未満	5	2.3%
合　計	214	100.0%

資料6-7　倒産における負債額の動向

倒産年齢	件数	構成比
3年未満	9	4.2%
3～5年未満	7	3.3%
5～10年未満	26	12.1%
10～15年未満	37	17.3%
15～20年未満	32	15.0%
20～30年未満	41	19.2%
30年以上	62	29.0%
合　計	214	100.0%

資料6-9　倒産年齢動向

出所：㈱帝国バンク「スポーツ用品小売業者の倒産動向調査」

　2010年11月には、松飛台㈱（千葉県、旧商号：セノー株式会社）従業員232人が、負債額約48億円の法的整理となった。1908年4月に体育製品の製造販売業者として創業し、1964年東京オリンピックで自社製品が国際認定を得たことを機に成長を遂げ、1990年頃から新事業としてトレーニング関連機器の製造販売事業へ進出し、年商も100億円を大きく上回っていたが、同時期に進出した建装事業の多額の損失が原因となった。信用調査会社

の株式会社帝国バンク「コンプライアンス違反企業の倒産動向調査」によると、当社は倒産理由に建装事業の損失を粉飾しており、コンプライアンス違反が認められたことを明らかにしている。

　スポーツをビジネスするにおいても当然であるが、企業が経営を行なう上で法令（民法や商法をはじめ独占禁止法、消費者保護法など）や各種規制（監督官庁の命令・指導など）などのルール、さらには社会的規範（消費者への情報公開や職場環境など）などを守るといったビジネス・コンプライアンスの重要性が増している。したがって、こうした多枝にわたる規則・規範を全役員・従業員が順守していくといった高い企業倫理が求められるようになっている。

【展開課題⑥】

- 経営倫理・マーケティング倫理とは何か。
- 小売業のオーバーストア化とは何か。

【関連資料⑥】
Ｊリーグの理念揺るがす大宮の「観客数水増し」問題

　Ｊリーグ１部（J1）の大宮アルディージャが過去４年間にわたって入場者数を「水増し」して発表していた問題で、Ｊリーグの大東和美チェアマンは16日、けん責処分（始末書提出）とともに制裁金2000万円を科すと発表した。2000万円の制裁金は2008年の浦和―Ｇ大阪戦でサポーター同士のトラブルで浦和に科せられた最高額と並ぶもの。この裁定を受け、大宮は30日以内に制裁金を支払わなければならなくなった。

　大宮のホームスタジアムは、さいたま市大宮区（旧大宮市）にあるさいたま市所有の「NACK5スタジアム大宮」である。かつては「埼玉県営大宮公園サッカー場」と呼ばれていた。

■**NACK5スタジアム完成とともに水増しが始まった**

　1960年に建設され、大改装されて東京オリンピックのサッカー競技で使用された。浦和レッズも一時準ホームスタジアムとして使用したことのある球技専用競技場だが、その後、J2の大宮がホームに。その大宮が05年にJ1に昇格したこともあって大改装が決定し、2007年11月11日に大分トリニータを迎えて新装のスタジアム（収容１万5300人）の初戦が戦われた。

　「水増し」が始まったのは、まさにその試合だった。

■**スタンドは立錐の余地もないほど埋まっていた**

　前売りに出した１万4530枚のチケットは完売していた。ピッチから見上げると、スタンドは立錐（りっすい）の余地もないほど埋まっていた。

　だが当日入場ゲートを通過してカウントされた観客を総計すると、１万1725人にしかならなかった。当日、新スタジアム落成を祝うために試合前にいろいろなイベントを実施し、

選手の家族も多数招待されていた。

Jリーグの基準では入場無料のイベント参会者や選手家族がスタンドに入って観戦した場合も、「入場者」に含めてよいことになっている。ただしその場合には、別個の入場ゲートを設置し、人数をしっかりカウントしなければならない。アルディージャはそれを怠り、イベント参加者などに「そのままスタンドに入ってください」と誘導していたという。

運営に当たっていたクラブの幹部2名は、ゲートでカウントされていない人びとを「総合的に勘案」して、試合の後半半ばに入場者数を「1万4752人」と発表した。

■最初は「悪意」はなかった

Jリーグは07年に 「イレブンミリオンプロジェクト」をスタートした。3年後の10年にJ1、J2を含めた全観客数を1100万人にしようというキャンペーンだった。前年の 06年には約839万人だったから、約30%増という目標である。その目標に従ってクラブごとの目標も設定されたが、そのときにそれまであいまいだった「入場者数」についての定義が明確にされている。

大宮の最初の間違いは「幹部2名」がその定義を知らず、規定の手順を踏まずにイベント参加者などを「入場」させたうえに、推定で上乗せしてしまったことにあった。「悪意」があったわけではないようだ。

だが、このようなことは一度で済まないのが世の常である。「幹部2名」は、その後も「見た目の満員感」に合わせて入場者数の上乗せを繰り返していった。

■変化していった「数字操作」の意図

その一方で、クラブにはイレブンミリオンプロジェクトに従い、09年までに「年間入場者総数を30万人にする」という目標があった。08年、09年になる と、入場者数集計を担当していた「幹部2名」の「数字操作」も意味が次第に変化し、その目標に近づけることが目的になっていく。

「目標が未達成になった場合には、支援の縮小やサポーター離れ等、クラブにとっての不利益が生じることを両名が懸念し、入場者の上積みを行ってまいりました」

10月19日に発表された大宮による「調査結果のご報告」には、このように書かれている。「支援の縮小」とは、言うまでもなく「スポンサー離れ」ということだ。

浦和サポーターの疑念から明らかに

こうして積み上げてきた「水増し」は07年11月11日以後の全ホームゲーム、総計58試合で11万1737人となった。

その最後の試合は今年10月2日のJ1第25節、浦和レッズ戦。「さいたまダービー」ということで多数の入場者が見込まれたため、6万3700人収容の埼玉スタジアムで開催された。同じさいたま市内にあるが、もっぱらレッズのホームとして使われているスタジアムだ。観客数は3万3660人と発表された。

疑念をもったのはレッズのサポーターたちだった。前節、レッズは新潟を迎えて戦ったが、入場者は3万1973人と発表されていた。スタンドの空席はそれより多い印象だったのに、2000人近くも上回った発表に驚いたのだ。

その疑念からうわさが広がり、Jリーグが大宮に調査を求めたところ、過去4年間にわたる「水増し」が明らかになったのだった。

■他のクラブの「問題なし」の回答とは？

試合ごとの数字まで明確になった「水増し」の数字は、すべて大宮の「自己申告」によるものだ。この事件を受けてJリーグは他の全36クラブにも観客数が正確に発表されているか調査を命じたが、あくまで各クラブの自主的な調査であり、証拠を求めているわけではない。

実は、発表されている「入場者数」は、その場限りの入場ゲートにおけるカウントを元にしたもので、後に証明できるものではないからだ。

全36クラブが出した「問題なし」の回答は「全入場ゲートできちんとカウントし、それを集計し、そのままの数字を発表する態勢が整えられている」という意味なのである。

■Jリーグの入場者数の定義

Jリーグが定めている「入場者数」の定義は以下の通りである。

1. スタジアムに来場した観客数。チケット販売数ではない。半券（入場ゲートでもぎ取るチケットの一部＝筆者注）の数でもない。
2. チケットが不要な未就学児童も人数に入るため、入場口でのカウントによる。
3. 車いす観戦者、そのヘルパーもそれぞれ対象とする。
4. 選手、審判員、クラブスタッフ、その他の運営関係者、競技場スタッフ、売店関係者等、関係者は除外する。
5. VIP席での観客数は人数に入るが、両チーム役員は除外する。
6. 記者席の報道関係者、グラウンドのカメラマンは除外する。

■後で検証することはできない

定義としては非常に明確であり、また「試合を見て楽しむ人の数」という考え方も評価に値する。02年の日韓大会以来、ワールドカップでは「SOLD OUT」という訳の分からない発表が行われ、実際にスタジアムに何人訪れたか分からなくなっているから、Jリーグの基準ははるかに優れている。

ただ問題は「ゲートでのカウント」が、アルバイトによるカウンターの手押しで行われているということだ。訓練はされているだろうが、当然カウント間違いは起こる。そしてチケットを持たない「未就学児」のカウントは、その場限りのもので、後に検証することができないのだ。

さらに、集計作業、それを発表する段階で、間違い、あるいは人為的な操作がなされてしまう危険性は否定することができない。

■「観客数水増し」は日常茶飯事

かつて日本のスポーツでは入場者実数など発表されたことがなく、主催者発表の概数だけだった。景気づけのため、プライドを守るため、あるいは何らかの利益をはかるため、その数字が大幅に水増しされていることは日常茶飯事だった。

今でこそプロ野球も実数発表になっているが、かつては巨人が東京ドームでの主催試合

の観客数を毎試合「56000人」と発表していた。実際には座席が約4万6000しかないのにもかかわらずだ。アメリカンフットボールで国立競技場（当時の座席数は6万1000）に8万人が入ったと発表され、スポーツ紙の1面を飾ったこともあった。

サッカーでも、日本サッカーリーグ（1965～1992年）当時には、運営担当者がスタンドを見上げて「きょうは3000人かな」などと決めていた。天皇杯全日本選手権の決勝戦では、チケットをもった入場者が2万人に満たなくても、「決勝だから」「正月だから」と、3万人を超す数字が発表されるのが常だった。

■実数発表の根本理念

だがJリーグは、スタートするに当たって敢然と「実数発表」に踏み切った。

「お客さま一人ひとりを大切にしなければ、Jリーグに未来はない」と初代チェアマンの川淵三郎さんが考えたからだ。

概数で「2万5000人」という発表だったら、「自分が行かなくても数字は変わらないのではないか」とファンは感じてしまうだろう。しかし、実数で例えば「1万8956人」という発表を見たら、「自分が行かなければ、この数字は1万8955人になっていたんだな」と感じることができる。

■単なる数字ではない

入場者数は単なる数字ではない。Jリーグの歴史の重要な一部だ。「総体としての観客」ではなく「一人ひとりのお客様」を歴史として積み上げようというのが、「実数発表」の根本理念だったのだ。

同時に、実数を発表していかなければ、はたして実際に観客数が増えているのか、減っているのか分からないではないか。

こうした考えの下に、Jリーグは92年9月5日、本格スタートの前年に行われた最初の公式大会、「ナビスコ杯」の第1節から実数発表を実行したのだ。Jリーグとサッカーが爆発的なブームを迎えるのは、この年の年末あたりから。実数発表に踏み切ったのは、まだ「プロサッカー」が海のものとも山のものともつかぬ状況下だった。

大宮の観客数水増しは、こうした根本理念を理解していなかった結果にほかならない。Jリーグにとっては、その存立に関わる重大な違反なのだ。

■初心を問い直す時期

大宮は当該の「幹部2名」を解任、渡辺誠吾社長も辞任することになった。

だが、これですべて終わったわけではない。Jリーグと全37のクラブの全役員、全スタッフは、リーグの根本理念を改めて思い起こし、肝に銘じて業務にあたらなければならない。

来年、Jリーグは社団法人創立20周年を迎える。そして再来年にはリーグも20シーズン目に入る。当初10クラブだったリーグは、いまやその4倍近い規模に達しようとしている。「初心」を問い直す絶好の時期だ。

（「日本経済新聞社」2010年11月20日 サッカージャーナリスト：大住良之）

第7章 プロスポーツのマネジメント

Ⅰ. 北米4大プロスポーツ

1. 北米4大プロスポーツは巨大ビジネス

　近年、わが国ではJリーグの誕生をきっかけに、プロスポーツがビジネスとして注目されるようになった。Jリーグ誕生以前、日本で注目されるプロスポーツといえば、プロ野球であったが、スポーツビジネスという点で世界と比較すると、わが国はまだまだ後進国であるといわざるをえない。その点でいうと、アメリカのプロスポーツビジネスは、日本とは比較にならないほどの巨大なビジネスが展開されている。

　大手世論調査会社「ハリス・インタラクティブ」の調査結果（2016年1月）によると、アメリカ人の人気スポーツは、圧倒的にプロアメリカンフットボール（33%）であったと発表している。次いで、野球（15%）、大学アメリカンフットボール（10%）、モータースポーツ（6%）、男子プロバスケットボール（5%）、アイスホッケー（5%）、男子サッカー（4%）、大学男子バスケットボール（4%）の順とされている。

　アメリカで人気のあるプロスポーツリーグは、NFL（National Football League）、MBL（Major League Baseball）、NBA（National Basketball Association）、NHL（National Hockey League）であるが、これらのリーグを「北米4大プロスポーツリーグ」といい、そこでは巨大なビジネスが展開されている。

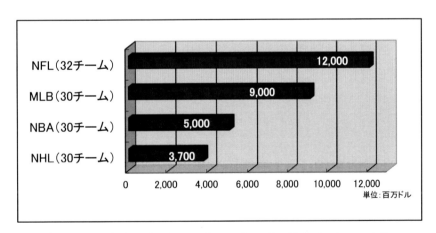

資料7-1　北米4大プロスポーツリーグの総収入（2014年）
出所：CNN,フォーブス,NBA,CBS Sportsで発表されたデータ（2015年9月）をもとに作成

　NFLは、アメリカンフットボールのプロリーグである。このリーグは、アメリカンフットボール・カンファレンス（16チーム）とナショナル・フットボール・カンファレンス（16チーム）からなる、計32チームで構成されている。そして、このNFLは、MLB、NBA、NHLを凌ぐアメリカでは、最も人気のあるプロスポーツリーグである。2014年のNFLの

総収入は、120 億ドルまで成長した。その収入のかなりの割合を占めているのが、テレビ放映権料である。特に CBC、NBC、FOX の地上波 3 局と 2022 年までの長期契約を結んでおり、この 3 局の放映権料の合計は、年間 30 億ドルにものぼる。また、米経済誌『フォーブス』（2016 年 5 月公表）によると、NFL で最も資産価値が高いチームは、ダラス・カウボーイズの 40 億ドル、2015 年の総収入は 6 億 2000 万ドル、2 億 7000 万ドルの営業利益をあげている。

　MBL は、アメリカンリーグ（15 チーム、内カナダの 1 チームを含む）とナショナルリーグ（15 チーム）からなる、計 30 チームで構成されるプロ野球リーグである。日本では、一般的に大リーグ、メジャーリーグとも呼んでいる。同じく、2014 年の MLB の総収入は 90 億ドルとしており、NFL に次ぐ巨大なビジネスとなっている。MBL で最も資産価値が高いチームは、ニューヨーク・ヤンキースの 34 億ドルであり、2015 年の総収入は 5 億 1600 万ドルである。

　NBA は、イースタン・カンファレンス（15 チーム、内カナダの 1 チームを含む）とウェスタン・カンファレンス（15 チーム）からなる、計 30 チームで構成されるバスケットボールのプロリーグである。2014 年の NBA の総収入は、50 億ドルであった。NBA で最も資産価値の高いチームとしては、ニューヨーク・ニックスの 30 億ドル、2015 年の総収入は、3 億 700 万ドルであった。

　NHL は、イースタン・カンファレンス（15 チーム、内カナダの 4 チームを含む）とウェスタン・カンファレンス（15 チーム、内カナダの 3 チームを含む）からなる、計 30 チームで構成されるアイスホッケーのプロリーグである。2014 年の NHL の総収入は、37 億ドルであった。

2. プロスポーツにおけるチームの資産価値

　アメリカでは、2000 年代に入ると、かつてない住宅ブームが到来し、住宅投資の高い伸びに加え、良好な雇用・所得環境と住宅価格の上昇等に支えられた消費拡大によって堅調な経済成長を続けてきた。そして、北米 4 大プロスポーツリーグにおいても、この経済成長が追い風となって、順調に市場が拡大していった。ところが、2006 年に入ると住宅投資が減少に転じると、いわゆるサブプライム住宅ローン問題が、アメリカ経済を深刻化させた。その結果、2008 年には、リーマン・ブラザーズが破綻するなど、アメリカ経済に対する不安が拡大し、世界的な金融危機へと連鎖していった。しかし、このような経済状況ではあるが、北米四大プロスポーツリーグは、なんとかその影響を最小限にとどめ、各リーグにおいて経営努力がなされてきた。現在は、ユーロ圏のギリシャ、スペイン、イタリアの債務危機が問題となっており、世界経済にとっても最大の脅威となっている。

　世界有数のアメリカ経済誌『フォーブス』電子版では、プロスポーツにおけるクラブチームの資産価値のリストを公表している。その評価対象となったのは、世界各国のプロサッカーリーグと北米 4 大プロスポーツリーグである。これによると、世界で最も資産価値のあるチームとして選ばれたのは、前述した NFL のダラス・カウボーイズであり、その資産価

値は、40億ドルである。第2位は、スペインサッカーリーグのレアル・マドリードで、資産価値36億4500万ドル、また、第3位には同リーグのFCバルセロナで、その資産価値は、35億4900万ドルである。そして、最も注目すべきことは、これら上位トップ10の中に、NFLの5チームが入っており、NFLの資産価値が非常に高く評価され、世界のプロスポーツビジネスの中心的な存在となっている。

（単位：百万ドル）

順位	チーム	リーグ	国	資産価値	収　入	営業利益
1	ダラス・カウボーイズ	NFL	アメリカ	4,000	620	270.0
2	レアル・マドリード	リーガ・エスパニョーラ	スペイン	3,645	694	162.0
3	FCバルセロナ	リーガ・エスパニョーラ	スペイン	3,549	675	108.0
4	ニューヨーク・ヤンキース	MLB	アメリカ	3,400	516	13.0
5	マンチェスター・ユナイテッド	プレミアリーグ	イングランド	3,317	625	190.0
6	ニューイングランド・ペイトリオッツ	NFL	アメリカ	3,200	494	195.0
7	ニューヨーク・ニックス	NBA	アメリカ	3,000	307	108.9
8	ワシントン・レッドスキンズ	NFL	アメリカ	2,850	439	124.9
9	ニューヨーク・ジャイアンツ	NFL	アメリカ	2,800	400	105.2
10	サンフランシスコ・フォーティナイナーズ	NFL	アメリカ	2,700	427	123.7

資料7-2　スポーツチームの資産価値　トップ10

出所：『フォーブス』電子版で発表（2016年5月）されているデータをもとに作成

Ⅱ. 日本プロ野球とメジャーリーグ

1. プロ野球日米比較——組織と権限

　日本のプロ野球とアメリカのプロ野球を比較すると、組織上それほど差はなく、日本では「NPB（日本野球機構）」、アメリカでは「MLB（米大リーグ機構）」が組織されている。しかし、運営面においては、日米で大きな違いがある。MLBの場合は、リーグの統括組織であるコミッショナー事務局に権限を集中させ、リーグ全体の利益と繁栄のための権限を与えている。そして各球団は、地域密着型経営を行ない、それぞれが所属地域内で利益を得る努力をしている。コミッショナー事務局が全米、そして世界を対象にビジネスを展開し、各球団は所属地区を対象としたビジネスを展開するという経営の二面性を持ち合わせている。

　一方、NPBは、コミッショナー事務局に帰属する権限は極めて小さく、リーグ全体の利益、リーグ繁栄のための活動へはほとんど関与しておらず、実質上の権限はオーナー会議が持っている。オーナー会議とは、12球団のオーナーで構成する会議であり、コミッショナーの選任、新加盟球団の資格認定などを審議・決定する権限を持っている。そして、その他にもセントラル・リーグ、パシフィック・リーグの両リーグともに独自のオーナー懇談会があり、リーグ内の重要事項を討議している。したがって、この点がMLBとの大きな違いである。また、NPBの各球団は、MLBと同様に地域密着型の経営を進めているものの、その取り組みのほとんどがMLBを参考にしており、独自の戦略には極めて乏しい。また、その活動は球団レベルでの取り組みの範囲内でしか行われておらず、リーグ全体としての活動には生かされていない。いいかえれば、日本のプロ野球はオーナー会議の権限が大きく、そ

のため、親会社の利益が最優先され、リーグ全体の繁栄が第一とされてこなかったことにリーグの成長が阻害されてきたといえよう。

	日本	アメリカ
運営組織	日本野球機構	米大リーグ機構
実質的な権限	オーナー会議	米大リーグ機構
リーグ・球団数	セントラル・リーグ（6）	アメリカンリーグ（15）
	パシフィック・リーグ（6）	ナショナルリーグ（15）

（　）内の数字は、球団数を表す。

資料 7-3　NPB と MLB の組織と権限

2. なぜ日本プロ野球には親会社が存在するのか

2011 年 12 月 1 日、プロ野球のオーナー会議が開かれ、横浜球団の買収を決めた交流サイト運営大手、ディー・エヌ・エー（DeNA）の球界参入が承認された。新球団「横浜 DeNA ベイスターズ」の誕生である。DeNA は、TBS ホールディングスから、95 億円で球団買収したのである。球団譲渡は、2004 年のオフにソフトバンクが福岡ダイエーホークスを買収して以来のことであった。

さて、日本のプロ野球は、1936 年の日本職業野球連盟の設立から始まる。以降、さまざまな変遷を経て、1948 年日本野球機構が設立され、現在、2 リーグ（セントラル・リーグ、パシフィック・リーグ）12 球団によって運営されている。日本のプロ野球は、戦前、戦後には現在のように親会社が球団を保有するのではなく、個人で球団を保有していた事例もある。例えば、1954 年の開幕前に設立された「高橋ユニオン」がそれであり、唯一チーム名に個人の名前を付けたチームであった。

現在、日本のプロ野球の球団は、そのほとんどが親会社のもとに経営されている。これに対し、アメリカのメジャーリーグでは、親会社をもたず独自に球団経営を行なっている。それでは、なぜ日本のプロ野球は、親会社によって球団経営がされているのであろうか。これについては、親会社の本業とのシナジー効果を期待する面があったからとされているが、日本のプロ野球のビジネスを考える上で最も重要なポイントがほかにもある。それは、1954 年 8 月 10 日付の国税庁長官通達「職業野球団に対して支出した広告宣伝費等の取扱について」が、大きく関係したものと考えられる。その通達とは、次のとおりである。

一　親会社が、各事業年度において球団に対して支出した金銭のうち、広告宣伝費の性質を有すると認められる部分の金額は、これを支出した事業年度の損金に算入するものとすること。

二　親会社が、球団の当該事業年度において生じた欠損金（野球事業から生じた欠損金に限る。以下同じ。）を補てんするため支出した金銭は、球団の当該事業年度において生じた欠損金を限度として、当分のうち特に弊害のない限り、一の「広告宣伝費の性質を有するもの」として取り扱うものとすること。

右の「球団の当該年度において生じた欠損金」とは、球団が親会社から交付を受け
　　　た金銭の額および各事業年度の費用として支出した金額で、税務計算上損金に算
　　　入されなかつた金額を益金に算入しないで計算した欠損金をいうものとすること。
　三　親会社が、各事業年度において球団に対して支出した金銭を、貸付金等として経理
　　　をしている場合においても、当該支出金が二に該当することが明らかなものであ
　　　る場合においては、当該支出をした日を含む事業年度の損金に算入するものとす
　　　ること。
　四　親会社が、この通達の実施の日（昭和 29 年 8 月 10 日）前の各事業年度において、
　　　球団に対して支出した金銭を貸付金等として経理しているものについて、じ後の
　　　各事業年度においてその一部を償却したときは、球団の当該事業年度において生
　　　じた欠損金を限度として、当該償却金額を、その償却をした日を含む事業年度の損
　　　金に算入するものとすること。

　この通達によると、「球団の欠損金を補てんするために親会社が支出した金銭は、広告宣
伝費として処理することができる」としており、例えば、選手の年俸などを含めて、球団に
赤字補てんした場合、すべて親会社が広告費として税務上損金扱いで処理できることにな
る。また、この通達は、60 年以上経った現在もなお有効とされている。

3. 拡大する日米の経営格差

　現在の MLB の総収入は、全球団あわせると 9000 億円～1 兆円といわれている。これに
対し、NPB の総収入は、正式には公表されていないが、12 球団あわせて 1200 億円～1300
億円と推計されている。それぞれ所属するチーム数は、MLB が 30 チーム、NPB が 12 チ
ームであるため単純には比較できないが、その収益格差は約 8 倍にもなっている。では、な
ぜ米国との格差がここまで生じたのであろうか。これには、いくつかの要因が考えられる。

　第 1 に、スタジアム・オペレーションの問題があげられる。アメリカでは、地元自治体の
公的資金によって新球場を建設する例も多く、このことが球団経営の助けとなっている。
MLB では、50％以上の公的資金を負担しているケースが 21 球場もある。その一方、日本
では、自治体が球場を建設するものの、そのかわりに球団は高額な球場使用料を支払わなけ
ればならない。例えば、横浜 DeNA ベイスターズの本拠地となる横浜スタジアムは、横浜
市の第 3 セクター「株式会社横浜スタジアム」が管理している球場である。そして、この球
場の使用料は、入場料収入の 25％にものぼり、2011 年度までは年間約 8 億円の使用料を支
払わっていた。そのため球団は、それまで年間約 20 億円の赤字を計上していたのである。

　また、球場での営業権においても様々である。例えば、日本の球場の運営形態は、大きく
次の 3 つに分類できる。①親会社やグループ会社が球場を運営しているため一本化されて
いる場合、②契約によって球場での営業収入を得る場合、③球場での営業権に一切タッチで
きず、入場料収入以外の収入が基本的に球団に入らないという場合である。

（単位：百万ドル）

球団名	球場名	建設年	総工費	公的資金の比率
エンゼルス	エンゼル・スタジアム・オブ・アナハイム	1966	24	100%
アスレチックス	オークランド・アラメダ・カウンティ・コロシアム	1966	26	100%
ロイヤルズ	カウフマン・スタジアム	1973	43	100%
レイズ	トロピカーナ・フィールド	1990	138	100%
ホワイトソックス	U.S.セルラー・フィールド	1991	167	100%
ブレーブス	ターナー・フィールド	1996	235	100%
ナショナルズ	ナショナルズ・パーク	2008	611	100%
オリオールズ	オリオールパーク・アット・カムデンヤーズ	1992	110	96%
レッズ	グレート・アメリカン・ボール・パーク	2003	291	96%
ロッキーズ	クアーズ・フィールド	1995	215	78%
マーリンズ	マーリンズ・ボールパーク	2012	645	76%
ブルワーズ	ミラー・パーク	2001	414	75%
ツインズ	ターゲット・フィールド	2010	545	72%
レンジャーズ	レンジャーズ・ボールパーク・イン・アーリントン	1994	191	71%
パイレーツ	PNCパーク	2001	237	70%
アストロズ	ミニッツ・メイド・パーク	2000	265	68%
ダイアモンドバックス	チェース・フィールド	1998	354	67%
マリナーズ	セーフコ・フィールド	1999	517	66%
ブルージェイズ	ロジャース・センター	1989	570	63%
パドレス	ペトコ・パーク	2004	285	57%
フィリーズ	シチズンズ・バンク・パーク	2004	346	50%
インディアンス	プログレッシブ・フィールド	1994	175	48%
タイガース	コメリカ・パーク	2000	361	32%
ヤンキース	ヤンキー・スタジアム	2009	1500	32%
メッツ	シティ・フィールド	2009	860	19%
カージナルス	ブッシュ・スタジアム	2006	365	12%
レッドソックス	フェンウェイ・パーク	1912	0.5	0%
カブス	リグレー・フィールド	1914	0.25	0%
ドジャーズ	ドジャー・スタジアム	1962	18	0%
ジャイアンツ	AT&Tパーク	2000	325	0%

（トロント・ブルージェイズのみカナダドル）

資料 7-4　MLB の球場と公的資金の負担割合

出所：National Sports Law Institute, Sports Facility Reports, Vol.10. 2009 をもとに作成

　第 2 に、放映権料の減収が大きな問題となっている。NPB では、試合の主催球団がテレビ局から放映権料を受け取り、それが球団の大きな収入源となっている。しかし、その収益の大きな柱である放映権料は下落し、現在苦しい財政状況にある。かつて、夜のゴールデンタイムの定番であった巨人戦ナイター中継は、1975 年から 1990 年までの地上波による年間平均世帯視聴者率（関東地区、ビデオリサーチ調べによる）は 20％を上回り、1983 年のピーク時には 27.1％を記録していた。しかし、その後、年々視聴率が落ち込み、2006 年には 10％を下回るようになった。その結果、地上波による放送が BS 放送などに移管され、さらに年間 130 試合前後の放送があった地上波での中継試合数があっという間に激減したのである。放映権料の相場は、1 試合 1 億円ともいわれていることから、NPB の球団経営にとっては、かなりの収入減となっていることは間違いない。

　また放映権の扱いについても、NPB と MLB では大きく異なる。実際 MLB でも全国中継の視聴率は減少傾向にあるが、試合の主催球団が個別に放映権を管理している NPB とは異なり、MLB では全国中継の放映権をコミッショナーが一括管理し、さらにテレビ局との

長期契約を結ぶことによって、安定的な収入を得ているのである。

第3に、NPB と MLB の経営のセンスの違いである。MLB では、新しいビジネスに積極的に参入する姿勢がうかがわれる。例えば、2000年、30球団のオーナーが共同出資により立ち上げたウェブサイト運営会社「MLB アドバンスト・メディア」を設立し、試合の動画を有料配信するビジネスを開始した。さらに、ここでは、試合チケットや公式グッズをネット販売するなどの事業を拡大して、現在は従業員数が約500人、年間売上高が5億ドルを超える企業となっている。

その他にも、MLB ビジネスは、これまで大きな成功をもたらしてきている。したがって、日本のプロ野球は、新たな財源確保のためにも、NPB は MLB のビジネスモデルを研究し、コミッショナー事務局に権限を移管させる時期にきているのではなかろうか。その実現のためには、親会社の利益が最優先事項であったこれまでのぬるま湯の体質から脱却を図り、NPB 全体の繁栄をするための組織に再編成することが必要であろう。

4. 斬新な経営戦略を取り入れる MLB 球団——アスレチックスとレッドソックス

親会社をもたない MLB の各球団では、多種多用な経営戦略と経営努力を重ねてきた。中でもオークランド・アスレチックの斬新なアイディアは、「マネー・ボール理論」ともいわれ、映画になったほどである。選手の年俸が高騰している MLB では、チームを強化するのに莫大な資金が必要とされる。例えば、ヤンキースのように潤沢な資金を有する球団は、優秀な選手をかき集め、その結果、球団間の実力差はその資金力に比例するといわれている。そして、球団の成績が球団経営にも大きく影響するのである。しかし、選手の年俸総額が MLB30 球団の中で毎年下位を占めるアスレチックスは、その資金力の乏しさの反面、2000年以降上位の成績をこれまで残してきた。例えば、2010年のシーズンでいえば、選手の年俸総額がアメリカンリーグで最下位の5165万ドル（MLB 全体では28位）であったが、この年のポストシーズンへの進出を逃がしたものの、レギュラーシーズン81勝（アメリカンリーグ西地区2位）という成績をあげている。これをコストパフォーマンスとして計算してみると、単純に1勝あたりのコストは、63万7715ドル（MLB 全体で4位）となる。そして、このアスレチックスのコストと MLB 全体で最も1勝あたりのコストを要したヤンキース（217万1930ドル）とで比較してみると、実に3分の1以下となる。少ない資金で球団経営をし、成果を出してきたアスレチックスの「マネー・ボール理論」は、MLB の他球団にも大きく影響を与えた斬新な経営戦略ともいえる。

また、球団経営に投資家としての経営戦略を取り入れた球団に、ボストン・レッドソックスがある。球団のオーナーであるジョン・W・ヘンリー（John William Henry）氏は、アメリカ有数のヘッジファンドの経営者であり、市場で培った投資のノウハウを経営戦略として球団経営で実践している。その経営戦略の一つとして、選手獲得方法がある。それは、選手の獲得においては、少ない投資で大きなリターンを得る戦略である。その成功例として、日本人選手岡島秀樹投手の獲得が有名である。当時、さほど注目されていなかった岡島投手の能力を独自の指標（セイバーメトリクス：Sabermetrics, データを統計学的見地から客観

的に分析し、選手の評価や戦略を考える分析手法）を使って分析し、メジャーリーガーの相場より低い年俸で獲得したのである。そして、こうした低い年俸で能力のある選手を獲得し、その一方ではチームの看板ともなる有力選手を獲得するという戦略をとっている。このことにより、高騰する選手年俸を抑える経営努力をしている。

　さらに、レッドソックスは、日本人選手の獲得もビジネスとして捉えている。なぜなら、日本人選手の獲得とともに、日本企業のスポンサーも同時に獲得できるからである。そして、このことは、MLB 全体としても、日本への新たな放映権収入の獲得という点においても、マーケットを拡大しているのである。

Ⅲ. Ｊリーグとヨーロッパサッカー

1. Ｊリーグの誕生

　1993 年にＪリーグ（日本プロサッカーリーグ）が設立されて、20 数年が経過した。Ｊリーグ設立前の日本のサッカー競技は、アマチュア主体の全国リーグ「日本サッカーリーグ」がすでに存在していた。しかし、日本のサッカーは、1968 年のメキシコオリンピックでの銅メダル獲得以外にさほど目立った活躍はみられず、また FIFA ワールドカップへの出場もなかったことから、サッカー競技自体の人気や選手の待遇面などの低さにより、プロリーグの設立など実現不可能ではないかと考えられていた。

　ところが、1980 年代後半に FIFA 第 7 代会長ジョアン・アヴェランジェ(João Havelange) 氏から当時アジアとしても初開催となる「FIFA ワールドカップ」の日本開催が JFA（日本サッカー協会）へ打診されると、急速にプロリーグ設立構想への計画が推進され、最終的にプロサッカーリーグ（Ｊリーグ）の発足が正式に決定されたのである。

　Ｊリーグは、設立当初の 1993 年から 1998 年までは、所属クラブは 10 クラブから最大で 18 クラブによって開催され、1999 年から 1 部リーグとしてのディビジョン 1（J1）と 2 部リーグとしてのディビジョン 2（J2）の 2 部制へと移行した。その後、ビジョン 3（J3）が追加され、現在は 3 部制で運営されている。2016 年度は、日本国内の 38 都道府県に本拠地を置かれ、J1 に 18 クラブ、J2 に 22 クラブが、J3 に 16 クラブが所属（内 J1 の U-23 が 3 チーム所属）している。J1 の試合は、2016 年度から 2 ステージ制が採用され、3 月から 12 月にかけてホーム・アンド・アウェイ方式で運営されている。

2. Ｊリーグに所属するクラブ経営の状況

　Ｊリーグのクラブの主な収入源は、広告料収入、入場料収入、Ｊリーグ配分金などである。その中で最も高い割合を占めているのが、広告料収入である。広告料収入は、その年の経済状況によって大きく左右されるため、必ずしも安定的な収入とはいえない。また、この広告料収入に次いで大きな収入源となっているのが入場料収入である。そこで、2014 年の入場者数をみてみると、1 試合当たりの平均は J1 で 1 万 7288 人（J2 は約 6500 人）となっており、入場料収入はほとんど伸びていない。そして、この数字は世界各国のサッカーリーグ

の平均観客動員数と比較してみても、まだまだ低い数字となっている。

年度	入場者数		平均	試合数
	J1合計			
1993	3,235,750	(10)	17,976	180
1994	5,173,817	(12)	19,598	264
1995	6,159,691	(14)	16,922	364
1996	3,204,807	(16)	13,353	240
1997	2,755,698	(17)	10,131	272
1998	3,666,496	(18)	11,982	306
1999	2,798,005	(16)	11,658	240
2000	2,655,553	(16)	11,065	240
2001	3,971,415	(16)	16,548	240
2002	3,928,215	(16)	16,368	240
2003	4,164,229	(16)	17,351	240
2004	4,551,695	(16)	18,965	240
2005	5,742,233	(18)	18,765	306
2006	5,597,408	(18)	18,292	306
2007	5,834,081	(18)	19,066	306
2008	5,875,865	(18)	19,202	306
2009	5,809,516	(18)	18,985	306
2010	5,638,894	(18)	18,428	306
2011	4,833,782	(18)	15,797	306
2012	5,375,300	(18)	17,566	306
2013	5,271,047	(18)	17,226	306
2014	3,889,754	(18)	17,288	225
合 計	100,133,251			

資料 7-5　J1 観客入場者数の推移

出所：J リーグ公式ホームページ「J クラブ個別経営情報開示資料」

（単位：億円）

		2011年度	2012年度	2013年度	2014年度	2015年度
営業収益総額		728	773	793	868	937
広告料収入		333	351	372	422	453
入場料収入		142	153	164	164	175
Jリーグ配分金		61	62	61	62	59
人件費		329	333	353	380	400
当期純利益損失クラブ数	J1	8	5	4	4	4
	J2	10	8	8	4	1
	J3	－	－	－	5	2
	計	18	13	12	13	7

資料 7-6　J リーグの経営状況の推移

出所：J リーグ公式ホームページ「J クラブ個別経営情報開示資料」より作成

　J リーグの経営状況をみてみると、営業収益（総額）は、2011 年度の 728 億円から 2015 年度 937 億円と順調に増加している。また、2015 年度の J リーグ全 52 クラブ（J1 が 18 クラブ、J2 が 22 クラブ、J3 が 12 クラブ）の決算書によると、単年度赤字経営のクラブは J1 が 4 クラブ、J2 が 1 クラブ、J3 が 2 クラブとなり、経営環境の改善が若干みられた。

さらに、Jリーグが開示している決算書を詳しくみると、2015年度のJ1の1クラブ当たりの平均営業収益（総額）は、33億4300万円で、2011年度に比べて約4億3100万円増加している。営業収入が30億円以上のクラブ数は、2011年度9クラブであったが、2015年度は11クラブに増加しており、営業収益（総額）順でみてみると、浦和レッズ（60億8800万円）、FC東京（46億7800万円）、横浜F・マリノス（45億6700万円）、名古屋グランパス（44億4600万円）、鹿島アントラーズ（43億1100万円）、ガンバ大阪（42億8200万円）と40億円以上のクラブが6クラブとなっている。しかし、その一方、営業収益（総額）が20億円以下のクラブとして、ヴァンフォーレ甲府（15億2500万円）、湘南ベルマーレ（15億6100万円）、モンテディオ山形（18億1300万円）の3クラブとなっていることから、クラブ間格差は非常に大きい。

（単位：百万円）

		2011年度	2012年度	2013年度	2014年度	2015年度
営業収益総額（平均）	J1	2,912	3,152	3,078	3,294	3,343
	J2	1,021	934	1,088	1,117	1,344
	J3	–	–	–	271	331
広告料収入（平均）	J1	1,313	1,398	1,417	1,597	1,527
	J2	484	451	533	534	708
	J3	–	–	–	155	190
入場料収入（平均）	J1	605	663	693	678	712
	J2	165	154	179	180	194
	J3	–	–	–	24	37
Jリーグ配分金（平均）	J1	229	227	219	217	212
	J2	98	95	98	96	89
	J3	–	–	–	12	12
人件費（平均）	J1	1,345	1,407	1,390	1,506	1,465
	J2	433	363	468	447	564
	J3	–	–	–	97	101

資料7-7　Jリーグの経営状況（平均）の推移

出所：Jリーグ公式ホームページ「Jクラブ個別経営情報開示資料」より作成

　一方、J2の単年度赤字経営のクラブは、2011年度の10クラブから2015年度1クラブへと減少している。1クラブ当たりの平均営業収入についても約3億2300万円増加しており、J2平均で約13億4400万円となっている。また、2014年度からスタートしたJ3では、初年度赤字経営のクラブが5チームであったものの、2014年度は2クラブに減少している。

3．Jリーグクラブ経営の今後の課題

　Jリーグでは、2013年度から「Jリーグクラブライセンス制度」を実施している。このJリーグクラブライセンス制度とは、毎年Jリーグ全クラブのリーグ戦への参加資格をチェックするための基準となる制度のことであり、この制度はすでにUEFA（欧州サッカー連盟）でも採用されており、またAFC（アジアサッカー連盟）も2013年のACL（アジアチャンピオンズリーグ）の参加資格として、これを導入している。

　同制度の審査項目には、競技、施設、人事組織、法務、財務の5つに分かれており、それ

それA（ライセンス交付に必須）、B（満たさなくても交付されるが制裁が科される）、C（推奨）の3段階に分類され、全56項目のうち47項目の達成が必須とされる。特に、財務の面では、直近で3期連続赤字となった場合や債務超過となったクラブには同ライセンスが交付されず、JFLなどの下部リーグへ降格するとしている。

　日本サッカー協会は、ドイツのブンデスリーガをモデルとしていることから、クラブ加盟に対するハードルを設けることによって、クラブ経営の力を底上げしようとして導入した制度である。そこでJリーグは、2012年のシーズン、創設20年目を迎える節目として、「Jリーグクラブライセンス制度」を導入し、現在のブンデスリーガ並に高い基準をJクラブにも課すことにより、赤字体質のJリーグのクラブ経営を改善しようとしたのである。したがって、短期的に債務超過となっている各クラブは、その基準を満たすために相当な努力が必要とされることになる。もちろん、こうした赤字経営を改善するためにも、各クラブの一層の努力も必要ではあるが、Jリーグの構造改革もあわせて必要不可欠である。実際、Jリーグでは、ここ5年間の営業収入総額を増やすため、様々な努力をしている。そのため、Jリーグとしては、テレビ放映権、グッズ販売、スポンサーシップなどを一括管理して一定の収益をあげるため、その収益をさらに増やす努力が課題となっている。しかし、その点でいうとJリーグが各クラブへ分配している分配金は、2011年度が約61億円であったのに対し、2015年度は約59億円と減少しており、クラブ側としてはJリーグ営業収益（総額）の10%も得られていないのが現状である。ちなみに、北米4大プロスポーツリーグのNFLでは、リーグ配分金の割合を平均70%としており、これによりNFLでは経営難に陥るチームはほとんどない。最終的には、ブンデスリーガのようにそれぞれのクラブが体力を増し、結果的にJリーグ全体がさらにレベルアップしていくことが重要となろう。

4. ヨーロッパ5大国におけるトップリーグ

　ヨーロッパのトップリーグといえば、イングランド、スペイン、イタリア、ドイツ、フランスの5大国のリーグがあげられ、いずれもヨーロッパのプロサッカーリーグを牽引しているといっても過言ではない。

　イングランドのトップリーグは、「プレミアリーグ」と呼ばれるリーグである。イングランドのサッカーリーグは、1888年世界最古のプロサッカーリーグの創設から始まった。創設時12クラブしかなかったリーグは、その後チーム数の増加により、ヨーロッパの中では確固たる地位を築いた。しかし、1980年代に入ると、スタジアムの老朽化やフーリガンによる暴徒化、暴力行為などによって、イングランドのサッカー界は危機的な状況に陥った。その代表的な事件としては、1985年のUEFAチャンピオンズカップの決勝において、サポーターが暴徒化し、死傷者が出るという事件（ヘイゼルの悲劇）である。そして、この事件をきっかけに、イングランドのクラブは、欧州サッカー連盟が主催する大会への出場禁止という厳しい裁定を受け、一時期低迷することになった。その後、この危機的状況から脱出するために、1992年プレミアリーグが設立されたのである。現在、このリーグには、20クラブが所属、8月から翌年5月にかけてホーム・アンド・アウェイ方式による2回戦総当りで

運営されており、ヨーロッパサッカーの最高峰のリーグとなっている。

　スペインのトップリーグ「リーガ・エスパニョーラ」は、1928年に創設された歴史のあるリーグである。このリーガ・エスパニョーラは、プリメーラ・ディビシオン（1部）、セグンダ・ディビシオン（2部）からなるスペインのプロサッカーリーグである。現在、プリメーラ・ディビシオンには、20クラブが所属している。中でも、レアル・マドリードとバルセロナは、現在ヨーロッパサッカー界で中心的な地位を得ており、レアル・マドリードにはクリスティアーノ・ロナウド、バルセロナにはリオネル・メッシなどのスター選手が所属している。

　イタリアのトップリーグ「セリエA」は、1929年に創設されたリーグである。1990年代にはUEFAチャンピオンズリーグにおいて、イタリアのクラブが7年連続ファイナルへ進出するなど、世界中から最高の技術を持ったスター選手が集まっていたことから、セリエAは、「世界最高峰のリーグ」といわれていた。しかし、2000年代に入ると、選手年俸の高騰によってクラブの経営が悪化し、現在イタリアのクラブでは財務状況の見直しが余儀なくされている。セリエAの試合は、20クラブによるホーム・アンド・アウェイ方式2回戦総当たりで運営されている。

　ドイツのトップリーグ「ブンデスリーガ」は、1963年に創設されたリーグである。現在、1部、2部それぞれ18クラブ、3部20クラブの合計、56クラブが所属している。このブンデスリーガでは、クラブがリーグに加盟および加盟し続けるために、世界のサッカーリーグの中で最も厳しいライセンス基準を設けており、その基準を満たさなければライセンスが取得できず、リーグに加盟することができないというシステムを導入している。そして、こうした基準を設けることで、クラブがリーグに加盟するためのハードルが上がり、リーグに加盟し続けるために財政面も含めた健全なクラブ経営がされている。しかし、その反面、スペインやイタリアのリーグのように多額な借金をすることは許されず、特定の選手に破格な年俸を支払うことも健全的な経営の理由から認められず、高額の資金を必要とする有名選手の獲得を難しくしている。また1990年代中頃から始まった各ヨーロッパのサッカーリーグのアジア・アフリカでの国際マーケティングに出遅れた為、高額な国外のテレビ放映権等を得ることができず、イングランドのプレミアリーグやスペインのリーガ・エスパニョーラに、世界最高峰の座を譲った形となった。しかし、こうした健全なリーグ及びクラブ経営は、様々な国々の模範となっており、ブンデスリーガの平均観客動員数は、他国リーグを圧倒する1試合平均4万人を集めている。

　フランスのトップリーグ「リーグ・アン」は、1932年に創設されたリーグである。以前はディヴィジョン・アンと呼ばれていたが、2002年から現在のリーグ・アンに改称された。イングランドのプレミアリーグ、スペインのリーガ・エスパニョーラ、イタリアのセリエA、ドイツのブンデスリーガのようにリーグのレベルは欧州最上位のリーグとは言えないものの、これら4つのリーグの次位とされるハイレベルなリーグである。リーグ・アンの試合は、20クラブによるホーム・アンド・アウェイ方式2回戦総当たりで運営されている。

5. ヨーロッパにおけるプロサッカークラブの経営状況

2016年1月、国際監査法人デロイト（Deloitte）は、サッカークラブの長者番付となる『フットボール・マネーリーグ』を発表している。それによると、全クラブチームの中で最も収入が多かったクラブは、レアル・マドリード（スペイン）の5億7700万ユーロであった。第2位は、FCバルセロナ（スペイン）の5億6080万ユーロとスペイン勢が、国内の不況の影響を受けているものの、1位、2位を独占したとしている。

この2チームの後に、3位にマンチェスター・ユナイテッド（イングランド）、4位にパリ・サンジェルマン（フランス）、5位にバイエルン・ミュンヘン（ドイツ）らが続いている。

トップ20のクラブに最も多くランクインしているのが、プレミアリーグの9クラブ、これにセリエAの4クラブ、ブンデスリーガの3クラブ、リーガ・エスパニョーラの3クラブ、リーグ・アンの1クラブと続いている。なお、トップ20クラブの合計収入は、66億3100万ユーロに及び、これは欧州全クラブ全体の約25%～30%に当たる。

（単位：百万ユーロ）

順位	チーム	国	総収入
1	レアル・マドリード	スペイン	577.0
2	FCバルセロナ	スペイン	560.8
3	マンチェスター・ユナイテッド	イングランド	519.5
4	パリ・サンジェルマン	フランス	480.8
5	バイエルン・ミュンヘン	ドイツ	474.0
6	マンチェスター・シティー	イングランド	463.5
7	アーセナル	イングランド	435.5
8	チェルシー	イングランド	420.0
9	リヴァプール	イングランド	391.8
10	ユヴェントス	イタリア	323.9
11	ボルシア・ドルトムント	ドイツ	280.6
12	トッテナム・ホットスパー	イングランド	257.5
13	シャルケ	ドイツ	219.7
14	ACミラン	イタリア	199.1
15	アトレティコ・マドリード	スペイン	187.1
16	ASローマ	イタリア	180.4
17	ニューカッスル・ユナイテッド	イングランド	169.3
18	エバートン	イングランド	165.1
19	インテル	イタリア	164.8
20	ウェストハム・ユナイテッド	イングランド	160.9

資料7-8　ヨーロッパプロサッカーリーグ　総収入トップ20

出所：国際監査法人デロイト『フットボール・マネーリーグ』(2014/2015)

6. ヨーロッパプロサッカービジネスの今後の課題

ヨーロッパ5大国の中で最も憂慮すべきことは、スペインのレアル・マドリードとFCバルセロナの収入の多さによる収入格差である。この2つのクラブの合計収入は、11億3780万ユーロとなる。そして、この金額は、20クラブが所属するリーガ・エスパニョーラの約半分以上の収入を占めており、残りの18クラブの合計収入は、この金額には及ばない。当

然のことながら、これほどまでに収入格差があるリーグは、他のリーグを見渡してもほとんど見当たらない。そして、この2つのクラブは、世界中からお金を集める力を持っており、当然のことながらリーグ内はもちろんのこと、ヨーロッパ内においても常にトップレベルの成績を収めている。

　また、スペインリーグの収入格差には及ばないものの、イタリアのセリエAも同様なことがいえる。ユヴェントス、ACミラン、ASローマ、インテルの4クラブによる収入は大きく、残りの16クラブの合計収入とこの4クラブとの収入格差は意外に大きい。今後もこれらの収入格差がさらに拡大することになれば、リーグ全体としてのバランスを大きく欠くことになり、ひいてはリーグの魅力を失うことにもなりかねない。

　さらに、ヨーロッパプロサッカービジネスで最も心配されるのがヨーロッパの経済状況であり、ギリシャの次に国家債務額の大きいのは、ポルトガル、スペイン、イタリアといわれている。そして、そこでの金融不安が、ヨーロッパの経済や産業に大打撃を与えるのではないかと心配されているが、もちろん、このことはヨーロッパプロサッカービジネスに大きく影響を及ぼすことにもなるかもしれない。例えば、クラブの収入となるスポンサーの広告費は、景気に大きく左右されやすいため、ヨーロッパの経済環境の悪化に伴い、メインスポンサーが付かないクラブが出てくるなど、また破産手続きを余儀なくされるクラブ、ひいてはリーグの存続すら危ぶまれる事態に陥ることも払拭できない。

　ヨーロッパのプロサッカービジネスが、今後ますます発展していくためにも、これらヨーロッパにおける経済不安を一日でもはやく改善されることが急務となろう。

【展開課題⑦】

- NPB（日本野球機構）とMLB（米大リーグ機構）の組織運営の違いは何か。
- 日本のプロ野球の球団に親会社が存在するのはなぜか。
- クラブライセンス制度とはどのような制度か。

【関連資料⑦-1】
経営者が学びたいメジャーリーグGMの敏腕ぶり

　2011年のプロ野球日本シリーズは、ソフトバンクが8年ぶり（前身のダイエーより）に劇的な優勝を果たした。また巨人軍では、人事をめぐる内紛や抗争が表面化し、大きなスキャンダルに発展。さらにはDeNAによる横浜ベイスターズ買収を巡る一連の騒動も記憶に新しい。長らく人気の低下が叫ばれながらも、やはりプロ野球への社会的関心の高さは絶大だ。

　そんな今、話題の映画が日本上陸した。『マネー・ボール』——野球の本場、米・メジャーリーグの実在のGMを描いた実話だ。主人公であるオークランド・アスレチックスのGMビリー・ビーン氏は、2010年12月、エンジェルスからアスレチックスに移籍した松井秀喜選手の入団会見時に、まさしく彼にユニフォームを着せた人物だ。演じるのはブラッド・ピット。さらには、あの『ソーシャル・ネットワーク』の製作陣が集結したことでも、話題を呼んでいる。

　「メジャー球団のなかでも極めて資金力の乏しいオークランド・アスレチックスが、なぜこんなに強いのか？」——根底にあるのは、こんな問いだ。アスレチックスの総年棒は、金満球団NYヤンキースのわずか3分の1程度。それにもかかわらず、2000年から4年連続で地区優勝を果たし、圧倒的な実績を上げたビリー・ビーン。その秘密はどこにあったのだろうか？

　アスレチックスの成功の原点は、新しい野球観を模索し、新たな見方を体系的に探究したところだ。野球に科学的アプローチを持ち込み、選手の評価基準や起用法など、野球の諸要素を見直した点にある。

　それは打者の能力を見る指標として、それまで信奉されていた「打率」という見方を覆し、「出塁率」を掲げたことに象徴される。出塁率とは、打者がアウトにならない確率のこと。「打点」とは違い、偶然性に左右されることはない。このように、彼らは統計学を駆使し、勝つ要因を分析する手法を確立したのだ。この指標によって、それまでくすぶっていた数々の「お手頃」な優秀選手を獲得、チームを勝利に導いたのである。

　この映画には原作がある。日本で2004年に発売された『マネー・ボール』だ。作者は、アメリカを代表するベストセラー作家の1人とされるマイケル・ルイス。彼は同書の後書きで、「ビーンは、選手たちを評価し、獲得し、そして管理するという仕事を見事に、しかも楽しそうにやってのける男」と書いている。

　個人的には、「首脳陣たちが何を考えているのか」「フロントでは何が行なわれているのか」といった詳細がわかり、非常に興味深く思ったが、同時に野球を熱愛するアメリカという国のスケール感と懐の大きさをも、感じずにはいられなかった。

　このシーズンオフにも、何人かの日本人野球選手がFAなどを行使して海を渡っていくことが予想されるが、彼らの多くがメジャーリーグという戦地であり聖地に憧れる理由が、よくわかるような気がした。

いずれにせよ、ビリー・ビーンが教えてくれた新しい思考法は、野球だけではなくビジネスにも大いに応用できるだろう。安くて優秀な選手を上手に見出す——つまり、新しい視点をもって最小のリソースで最大の結果を出すことは、今やビジネスシーンでも常に求められるテーマだ。

　それはつまり、「低コストでの最適化」を最重視する経営戦略そのものである。本作は、メジャーリーグという過酷な競争社会で導き出された理論であるという点が、ビジネスのバイブルとしても注目されるゆえんだろう。

（『DIAMOND online』消費インサイド 2011 年 11 月 25 日）

【関連資料⑦-2】
Ｊリーグに「放映権料 10 年 2100 億円」の価値はあるか

　2016 年 7 月 20 日、Ｊリーグが英国に本拠を置くデジタルコンテンツ会社と放送権契約を結んだことを発表したが、驚かされたのは、その料金である。10 年で 2100 億円、単年にすれば 210 億円になる。Ｊリーグがこれまでスカパー！などと契約を交わしていた放送権料は年間約 50 億円といわれるから 4 倍以上だ。

　この巨額の放送権料を知った人の多くは、こう思ったのではないだろうか。「Ｊリーグの試合がコンテンツとしてそれだけの価値があるの？」と。

　Ｊリーグがスタートして 23 年。当初は 10 クラブだったが、年を追うごとに参入クラブは増えていき、今では J1、J2、J3 合わせて 53 ものクラブがある。各クラブでは熱心なサポーターやファンが育ち、その期待に応えるべくクラブはチーム強化に励んだ。その流れが日本のサッカーのレベルアップを促し、リーグの実力はアジアでもトップクラス。W 杯にも出場して当たり前と思われるところまできた。

　とはいえサッカー人気が日本で隆盛を誇っているとまではいえない。観客動員が増えているといっても、プロ野球の 1 試合平均の入場者数が約 2 万 8000 人に対し、Ｊリーグは約 1 万 7000 人と大きな差がある。また、プロ野球も同様だが、テレビ中継も高視聴率は稼げない。かつては W 杯で活躍したスター選手が続々とＪリーグ入りし、その名前でお客を呼ぶこともできたが、現在はそうしたビッグネームもいない。熱烈なサポーターやファンはいるものの、多くの人を惹きつけるところまで行っていないわけだ。

　だが今回、10 年・2100 億円という巨額の契約が成立した。放送権を獲得したパフォーム・グループ（以下パフォーム）はＪリーグにそれだけの価値があることを認めているに違いない。

　パフォームは 2007 年に設立され、瞬く間に世界最大級のデジタル・スポーツコンテンツを提供する企業に成長した。最先端のデジタル技術を持ち、世界で同時に行われている 250 ものスポーツの映像を制作し、ネット配信。ドイツ・ブンデスリーガやイタリア・セリエ A の放送権も保有している。

また、パフォームの実質的オーナーであるレン・ブラヴァトニック氏は米経済誌フォーブスが発表する世界長者番付トップ50の常連となっている（今年の発表では資産188億ドルで39位）実業家であり投資家だ。こうした人物が経営し、デジタル事業で覇権を握ろうとする企業が成算のない投資をするわけ　がない。

　彼らが見出したJリーグの価値を考察する前に、パフォームが獲得したJリーグの放送権がどのような形で視聴できるかを説明しておこう。

　映像の制作はJリーグが行い、それをインターネットのライブストリーミング（生中継の動画）として配信するのがパフォームだ。ネット配信だから、スマートフォンや携帯端末、パソコンで見られるわけだ。

　このサービスの名称は「DAZN（ダ・ゾーン）」で、この夏からバレーボールのVリーグと総合格闘技UFCの配信を始めるそうだ。Jリーグは来季からでJ1、J2、J3のすべての試合が中継されるという。

　DAZNではバレーボールやサッカーだけでなく、数多くの競技が配信され見ることができる。どの競技が配信されるか発表されていないが、野球やテニス、ラグビー、モータースポーツなど幅広くカバー。最終的には30を超える競技になるといわれている。

　有料配信だから、視聴するには契約して料金を払う必要があるが、テレビの有料チャンネルより割安だという。有料チャンネルの場合は、チャンネル（ジャンル）ごとに別契約になっており、見たい競技を増やせばその分、料金が高くなるが、DAZNはすべての配信競技をパッケージにした定額制。その料金は「ブランチ程度」（パフォーム日本支社CEO）だそうだ。

　スポーツの生中継をテレビ主体ではなく、DAZNのようにネット配信だけで行うのは世界でも初の試みだという。その場所に日本が選ばれたわけだ。

　それは綿密なマーケティングを行なった結果、決められたらしい。多くの国は人気スポーツが固定される傾向がある。ブラジルならサッカー、ニュージーランドはラグビー、インドはクリケットというように。その点、日本は野球好きもいれば、サッカー好き、相撲好きもいる。錦織圭が活躍すればテニスファンが増え、ラグビーがW杯で金星をあげればラグビーに注目する、というように幅が広いわけだ。そうした国民性はDAZNのサービスが受け入れられやすいと見たらしいのだ。

　パフォームでは今後も数多くの競技の放送権を獲得し、配信する競技数を増やしていくことになるだろう。中でも巨額の放送権料を見ても分かるようにJリーグには力を入れている。

　英国に拠点を置く会社だけに、サッカーがいかに人々を熱狂させ、長く支持されるスポーツかが分っているのだろう。日本のサッカー熱はその域まで達していないが、代表戦の盛り上がりを見ればその土壌はあるわけだ。ただ、Jリーグを好きになるには、いくつかのハードルがある。ひとつはチケットを買ってスタジアムに試合を見に行くこと。強引に誘う知人でもいなければ、なかなかその機会はない。また、テレビ中継も少ない。サッカーに興味が薄ければ、生中継をする有料チャンネルと契約することもない。

しかし、DAZN ならそのハードルを超えさせる可能性はある。好きなスポーツ中継をスマホで見るために DAZN のサービスを利用する人もいるだろう。Ｊリーグの試合も見られるから、流れで見ることもあるわけだ。Ｊリーグのクラブは全国にあり、地元のクラブの動向はなんとなく気になる。そうしたきっかけで見るようになれば、チームや選手のことも覚えるし愛着も湧いてくる。サッカーファンを増やすことにつながるのだ。

　年間 210 億円の放送権料はＪリーグに入る。映像制作に 100 億円近くかかるそうだが、残りは成績などに応じてクラブに配分されるという。これを 原資に、かつてのような外国のスター選手や監督を呼ぶクラブも現れるに違いない。そうした流れは新たなファンを獲得することにつながるし、日本のサッカー 界に好循環をもたらす可能性もある。

　スマホでどこでも気軽にスポーツ観戦ができるというのもニュースだが、このことによってＪリーグにどのような変化が起こるかにも注目していきたい。

（『DIAMOND online』Sports セカンドオピニオン第 406 回 2016 年 7 月 26 日）

第8章 スポーツイベントのマネジメント

I. オリンピックのマネジメント

1. オリンピックは「スポーツの祭典」

　2016年の夏季オリンピック・パラリンピック招致には、バクー（アゼルバイジャン）、シカゴ（アメリカ）、ドーハ（カタール）、リオデジャネイロ（ブラジル）、マドリード（スペイン）、プラハ（チェコ）、東京（日本）の7都市が立候補をしたが、2008年6月4日の1次選考において、シカゴ、リオデジャネイロ、マドリード、東京の4都市が選ばれ、正式立候補都市とされた。そして、2009年10月2日、デンマークのコペンハーゲンで開かれた第121次国際オリンピック委員会（IOC：International Olympic Committee）の総会において、2016年の夏季オリンピック・パラインピックが、リオデジャネイロ（ブラジル）で開催することが決定された。南米大陸で同大会が行われるのは、史上初のことである。

　また、2020年に開催されるオリンピック・パラリンピック招致には、バクー（アゼルバイジャン）、ドーハ（カタール）、イスタンブール（トルコ）、マドリード（スペイン）、ローマ（イタリア）、東京（日本）の6都市が正式に立候補したが、2012年5月23日に開催されたIOC理事会において1次選考が行われ、イスタンブール（トルコ）、マドリード（スペイン）、東京（日本）の3都市が正式立候補都市に選出された。最終的にこの3都市の中から、2013年9月7日ブエノスアイレスで開催された第125次国際オリンピック委員会の総会において開催都市が東京に決定した。

　近年、このようにオリンピック招致に多数の都市（国）が立候補をするようになってきているが、なぜこれほどまでに多くの都市（国）がオリンピックを招致しようとするのであろうか。その理由としては、いくつかあげることができるが、まず一般的にオリンピック開催は、都市や国家を国際的にアピールすることができること、それに加えてオリンピックが経済を活性化させることができるとされるからである。オリンピックは、「スポーツの祭典」とも呼ばれるように、世界各国が国の威信をかけたスポーツ大会であり、かつ人々に感動や興奮を与えてくれるメガスポーツイベントであり、いいかえれば世界的なスポーツビジネスの場となりえるのである。

2. 商業化するオリンピック

　近代オリンピックは、4年ごとに夏季と冬季に開催されている。第1回夏季オリンピックは、1896年アテネ（ギリシャ）で開催され、また第1回冬季オリンピックは、1924年シャモニー・モンブラン（フランス）で開催された。以降、夏季オリンピックは、第1次世界大戦で1回（1916年ベルリン大会）、第2次世界大戦で2回（1940年東京、1944年ロンドン）の計3回、冬季オリンピックは、第2次世界大戦で2回（1940年札幌、1944年コルティーナ・ダンペッツォ）の中断を挟み継続して行われている。1994年以降は、夏季オリ

- 101 -

ンピックと冬季オリンピックの同年開催が変更されて行われるようになった。このように、オリンピックは、世界大戦による中断はあったものの、夏季オリンピックへの参加国は急増し、また冬季オリンピック大会についても参加国は順調に増加してきており、オリンピックは、世界の「スポーツの祭典」として発展してきた。

　しかし、世界大戦による中断以降、現在のような華々しい「スポーツの祭典」として発展してきたオリンピックであるが、政治的・経済的な側面から、その継続が危ぶまれる時期もあった。

　例えば、政治的な側面としては、1968年のメキシコ大会では、黒人差別を訴える場と化してしまい、また1972年のミュンヘン大会では、アラブのゲリラによるイスラエル選手の殺人事件が起きた。さらに、1976年のモントリオール大会では、ニュージーランドのラグビーチームの南アフリカ遠征に反発し、アフリカ諸国の22ヶ国が参加を拒否した。そして、1980年のモスクワ大会では、ソ連のアフガニスタン侵攻に反発し、アメリカ、西ドイツ、日本などの西側諸国が参加を拒否、その報復として1984年のロサンゼルス大会では、東欧諸国が参加を拒否するということがあった。

　経済的な側面としては、財政負担の増大による赤字が問題となった。1972年のミュンヘン大会、1976年のモントリオール大会では、これらの開催都市が莫大な損失を被ったため、多くの都市（国）がオリンピック招致に対する熱意を失ってしまった。このことがきっかけとなり、その後の大会招致に立候補都市が激減するという事態に陥った。そして、1984年のオリンピックでは、招致都市がまったく出てこないのではないかと心配されたが、最終的にはロサンゼルスが立候補して開催されることになり、民間資金で大会を運営するという、これまでにない大会となった。

　ロサンゼル大会以前のオリンピックでは、開催都市がオリンピック開催のためのスタジアムを建設し、インフラ整備などで多額の費用を負担していたが、このロサンゼルス大会では極力費用を使わず運営する方法がとられた。例えば、スタジアムは、1932年に開催された当時のものを使い、各競技においても既設の競技施設を使うというものであった。さらに、①テレビ放映料、②スポンサー協賛金、③入場料収入、④記念グッズの売上を柱とした運営資金の獲得を積極的に行なった。テレビ放映料では、アメリカ4大ネットワークであるABC（The American Broadcasting Companies, Inc.）との高額なテレビ放映権料の契約、協賛企業には「一業種一社」としたスポンサー契約、また聖火リレー走者からも参加費を徴収するといった徹底した商業主義によって多額の資金を集めた。その結果、大幅な黒字を計上したため、ロサンゼルス大会は、商業主義をはじめて取り入れた画期的な大会ともいわれた。これ以降、IOC では、オリンピック・マーケティングの組織が強化され、今日に至っている。なお、現在このオリンピック・マーケティングで得た収益の90%は、スポーツの世界的な発展を促進するために活用されており、残りの10%は、IOC の管理経費となっている。

3. 高騰し続ける放映権料

　第2世界大戦で中断されていたオリンピックは、1948年の夏季ロンドン大会、冬季サン

モリッツ大会から再開された。特に夏季ロンドン大会では、ロンドン周辺でテレビ放送がされることから、この時初めて放映権料が確立され、3万ドルの放映権料がIOCに支払われることになった。しかし、IOCはこのテレビ放送が英国放送協会（BBC：The British Broadcasting Corporation）という公共放送のみで行われるということから、その放映権料を受け取らなかった。

初めてテレビ放映権料がIOCの収入となったのは、1960年の夏季ローマ大会、冬季スコーバレー大会からである。その際にIOCが契約した放映権料は、夏季ローマ大会が120万ドル、冬季スコーバレー大会が5万ドルであった。

その後、1984年の夏季ロサンゼルス大会が2億8690万ドル、1988年の冬季カルガリー大会が3億2490万ドルと急増した。例えば、1980年以降の夏季オリンピックの放映権料の伸び率を2012年のロンドンオリンピックと比較すると約29倍、同様に冬季オリンピックにおいては約62倍となっており、現在ではこの放映権料がIOCの最大の収入源となっている。

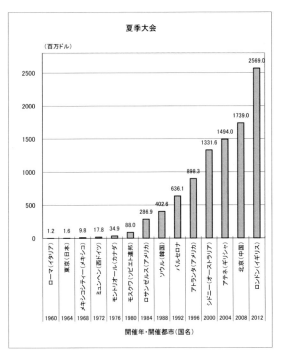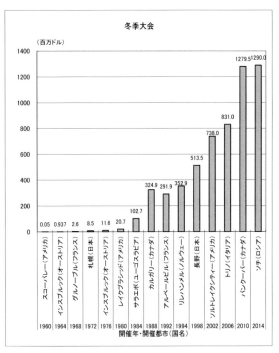

資料8-1　オリンピック放映権料の推移

出所：OLYMPIC MARKETING FACT FILE（2015 EDITION）のデータをもとに作成

日本とアメリカの放映権料の支出は、資料8-2のとおりである。これによると、日本は、1988年以降の夏季オリンピックでは、放映権料総額の約10%を負担しており、また1994年以降の冬季オリンピックでは、放映権料総額の約5%を負担している。一方、アメリカは、1996年以降の夏季オリンピックでは、放映権料総額の約50%を負担しており、さらに冬季オリンピックでは、1988年カルガリー大会の95.1%を最高に、1998年以降では放映権料総額の約70%を負担している。したがって、年々高騰してきている放映権料であるが、そ

のほとんどをアメリカが負担してきており、オリンピックはアメリカのテレビ局によって支えられているといっても過言ではない。そのため、IOCは、この放映権料総額の約5%をアメリカオリンピック委員会に還元しており、その資金はアメリカ代表選手の強化目的として寄付をしている。

夏季大会　　　　　　　　　　　　　　　　　　　　（単位：百万ドル）

開催年	日本		アメリカ		総額
	金額	割合	金額	割合	
1984	19.0	6.6%	225.6	78.6%	286.9
1988	50.0	12.4%	300.0	74.5%	402.6
1992	62.5	9.8%	400.1	62.9%	636.1
1996	99.5	11.1%	456.0	50.8%	898.3
2000	135.0	10.1%	705.0	52.9%	1331.6
2004	155.0	10.4%	793.5	53.1%	1494.0
2008	180.0	10.4%	893.0	51.4%	1739.0

冬季大会　　　　　　　　　　　　　　　　　　　　（単位：百万ドル）

開催年	日本		アメリカ		総額
	金額	割合	金額	割合	
1984	2.5	2.4%	91.6	89.1%	102.7
1988	3.9	1.2%	309.0	95.1%	324.9
1992	9.0	3.1%	243.0	83.2%	291.9
1994	12.7	3.6%	295.0	83.6%	352.9
1998	37.5	7.3%	375.0	73.0%	513.5
2002	37.0	5.0%	545.0	73.8%	738.0
2006	38.5	4.6%	613.4	73.8%	831.0

資料 8-2　日本・アメリカのオリンピック放映権料

出所：OLYMPIC MARKETING FACT FILE（2011 EDITION）のデータをもとに作成

4. 加熱するスポンサーシップ

　IOCは、1988年のソウルオリンピックから、世界的なスポンサーシップとして、ワールドワイド・オリンピックパートナーシップというプログラムを導入している。この国際レベルのプログラムは、最上位のパートナーシップで略称「TOP（The Olympic Partners）」と呼んでおり、4年間を契約期間としたスポンサーシップとなっている。このTOPには、これまでそれぞれの期間において、多国籍企業が9社から12社が参加している。そして、これらのスポンサーシップで得られた収入は、放映権料に次ぐオリンピック・マーケティングの収入となっている。現在は、TOPVIII（ソチ／リオデジャネイロ）として2013年から2016年の期間で、12社の多国籍企業がこのプログラムに参加している。このTOPVIIIには、コカコーラ、マクドナルドといったアメリカの企業をはじめ、アジアでは韓国のサムスン、日本のパナソニックなどが含まれている。TOPVII（バンクーバー／ロンドン）では、11社の契約総額が9億5000万ドルとされ、その収入の50%をIOCへ、残りの50%が大会組織委員会へ配分された。

　このTOPプログラムのほかにも開催国レベル（大会を実施する国内に限った）のローカルスポンサーシップと国内レベルのプログラムがあり、それぞれのスポンサーシップにも多くの企業が参加している。例えば、北京オリンピックでは、開催国レベルのローカルスポンサーシップに初めて外国企業のアディダス社とフォルクスワーゲン社が参入した。そし

- 104 -

て、驚くべきことに、このフォルクスワーゲン社の契約料が1億ドルともいわれており、先に紹介したTOPの1社平均の契約料を超える契約であったとされている。

単位：百万ドル

	オリンピック大会	企業数	参加国数	総額
TOP I	カルガリー／ソウル	9	159	96
TOP II	アルベールビル／バルセロナ	12	169	172
TOP III	リレハンメル／アトランタ	10	197	279
TOP IV	長野／シドニー	11	199	579
TOP V	ソルトレイクシティー／アテネ	11	202	663
TOP VI	トリノ／北京	12	205	866
TOP VII	バンクーバー／ロンドン	11	205	950
TOP VIII	ソチ／リオデジャネイロ	12	205	TBC

資料 8-3　TOP プログラム

出所：OLYMPIC MARKETING FACT FILE（2015 EDITION）

5. チケット収入とライセンス収入

入場料収入いわゆるチケット収入は、オリンピック競技大会組織委員会（OCOG：Organising Committees of the Olympic Games）の主要な収入源であった。夏季オリンピックについては、2000年に行われたシドニー大会では、チケット販売総数760万枚のうち88%の670万枚が売れ、5億5100万ドルの売り上げをもたらした。この大会では、開会式・閉会式、陸上競技、トライアスロン、体操競技のチケットは完売であったという。しかし、2004年のアテネ大会では、チケット販売総数530万枚のうち71%の380万枚しか売れず、2億2800万ドルと大きく減少、2008年の北京大会については、チケット販売総数680万枚のうち96%の650万枚が売れたものの、その売り上げは1億8500万ドルにとどまったが、2012年のロンドン大会では、チケット販売総数850万枚のうち97%の820万枚が売れ、その売り上げは9億8800万ドルを売り上げた。

また、冬季オリンピックについては、2002年のソルトレイク大会では、チケット販売総数160万枚のうち95%の153万枚が売れ、1億8300万ドルの売り上げをもたらした。そして、2006年のトリノ大会では、売り上げが8900万ドルに減少したが、2010年に開催されたバンクーバー大会では、チケット販売総数154万枚のうち97%の149万枚が売れ、冬季大会最高の2億5000万ドルとなった。

しかし、近年のチケット販売実績の結果をみてみると、チケット収入はそれほどでもなく、IOCの収入の1割にも達しない状況にある。

ライセンス収入には、IOCのライセンスプログラムと、各国内オリンピック委員会（NOC：National Olympic Committee）、OCOGと企業の間で、オリンピックに関連した商品に国や大会のエンブレムを使用する権利に合意して支払う権利料がある。例えば、Tシャツ、ピンバッジ、帽子などの記念グッズがそれである。このライセンス契約をした企業は、10〜15%程度のロイヤリティを支払うことになっているが、実際、資料8-4にあるように、ライセンス収入は、全体の収入に占める割合で2〜5%と極めて少ない。

（夏季）　　　　　　　　　　　　　　　　　　　　　　　　　　　　　（単位：百万ドル）

開催年・開催都市	販売枚数（百万枚）	実販売枚数（百万枚）	販売率	売上総額
1984 ロサンゼルス	6.9	5.7	82%	156
1988 ソウル	4.4	3.3	75%	36
1992 バルセロナ	3.9	3.021	77%	79
1996 アトランタ	11.0	8.318	75%	425
2000 シドニー	7.6	6.7	88%	551
2004 アテネ	5.3	3.8	71%	228
2008 北京	6.8	6.5	95.6%	185
2012 ロンドン	8.5	8.2	97%	988

（冬季）　　　　　　　　　　　　　　　　　　　　　　　　　　　　　（単位：百万ドル）

開催年・開催都市	販売枚数（百万枚）	実販売枚数（百万枚）	販売率	売上総額
1988 カルガリー	1.9	1.6	84%	32
1992 アルベールビル	1.2	0.9	75%	32
1994 リレハンメル	1.3	1.207	92%	26
1998 長野	1.434	1.275	89%	74
2002 ソルトレイク	1.605	1.525	95%	183
2006 トリノ	1.1	0.9	81%	89
2010 バンクーバー	1.54	1.49	97%	250
2014 ソチ	1.14	1.02	90%	205

（単位：百万ドル）

	1993 - 1996	1997 - 2000	2001 - 2004	2005 - 2008	2009 - 2012
放映権料	1,251	1,845	2,232	2,570	3,850
TOPプログラム	279	579	663	866	950
国内スポンサーシップ	534	655	796	1,555	1,838
チケット収入	451	625	411	274	1,238
ライセンス収入	115	66	87	185	170
合　計	2,630	3,770	4,189	5,450	8,046

資料 8-4　チケット販売実績とオリンピック・マーケティング収入

出所：OLYMPIC MARKETING FACT FILE（2015 EDITION）のデータをもとに作成

6. オリンピックビジネスの今後の課題

　1984 年のロサンゼルスオリンピック以降、商業主義で成功したかにみえたオリンピックビジネスにも様々な問題が生じている。

　第 1 に、オリンピック・マーケティングについての問題である。オリンピック・マーケティングの収入のほとんどは、放映権料とスポンサーシップであることは、前述したとおりである。中でも放映権料収入は、収入全体の約半分を占めており、また、資料 8-2 にみられるように、アメリカのテレビ局による契約の依存度が極めて高く、不健全な状況にあるといわざるを得ない。なぜなら、アメリカのテレビ局では、スポンサー離れといった問題を抱えており、さらに高騰する放映権料にどこまで耐えうるかといったことについて、疑問視されているからである。こうした状況は、アメリカに限ったことではなく、日本をはじめとした先進国に共通した問題でもある。今のところアメリカのテレビ局に代わる放映権料の巨大マネーを負担できるテレビ局は見当たらない。したがって、IOC がこのまま放映権料の高騰を放置すれば、資金力に限界のある国・地域のテレビ局は、今後オリンピック放送から撤退せざるを得なくなるかもしれない。

　第 2 に、放映権料に次ぐ収入となるスポンサーシップの問題である。これについても放映権料と同様に、スポンサー料が高騰し続けていることから、もはや企業側の負担も限界に達しているといわざるを得ない。特にスポンサーシップのプログラムは、長期契約、かつ高

額な契約料となっていることから、企業側にとっても大きな負担となっている。

　さらに、オリンピックビジネスの課題としては、以下のような問題もあげられる。例えば、オリンピック招致の際における IOC 委員に対する賄賂問題がそれである。IOC は、これらの賄賂を阻止するために厳しいルールを適用しているが、実際は招致決定における投票獲得競争での違反まがいの事件が発生している。例えば、1998 年の冬季長野大会では、莫大な使途不明金が暴かれ、その帳簿が焼却されていたという報道があったことは記憶に新しいところである。前述したとおり商業主義によって発展してきたオリンピックは、IOC の金権体質とも見られる批判もあることから、過熱化するオリンピックビジネスについて、見直す時期にきているのではないだろうか。

Ⅱ. ワールドカップのマネジメント

1. オリンピックを凌ぐスポーツイベント

　FIFA ワールドカップは、国際サッカー連盟（FIFA：Fédération Internationale de Football Association）が主催する国別対抗によるサッカー大会であり、現在では世界最高峰のサッカー大会として位置づけられている。

FIFAワールドカップ

回	開催年	開催国	優勝国	出場国数
1	1930	ウルグアイ	ウルグアイ	13
2	1934	イタリア	イタリア	16
3	1938	フランス	イタリア	16
	1942	第二次世界大戦のため中止		—
	1946			—
4	1950	ブラジル	ウルグアイ	13(*)
5	1954	スイス	西ドイツ	16
6	1958	スウェーデン	ブラジル	16
7	1962	チリ	ブラジル	16
8	1966	イングランド	イングランド	16
9	1970	メキシコ	ブラジル	16
10	1974	西ドイツ	西ドイツ	16
11	1978	アルゼンチン	アルゼンチン	16
12	1982	スペイン	イタリア	24
13	1986	メキシコ	アルゼンチン	24
14	1990	イタリア	西ドイツ	24
15	1994	アメリカ	ブラジル	24
16	1998	フランス	フランス	32
17	2002	日本・韓国	ブラジル	32
18	2006	ドイツ	イタリア	32
19	2010	南アフリカ	スペイン	32
20	2014	ブラジル	ドイツ	32

*当初は、16ヶ国の出場予定であったが、スコットランド、トルコ、インドが出場辞退

FIFA女子ワールドカップ

回	開催年	開催国	優勝国	出場国数
1	1991(*)	中国	アメリカ	12
2	1995(*)	スウェーデン	ノルウェー	12
3	1999(*)	アメリカ	アメリカ	16
4	2003	アメリカ	ドイツ	16
5	2007	中国	ドイツ	16
6	2011	ドイツ	日本	16
7	2015	カナダ	アメリカ	24

*1999年大会までは、FIFA女子世界選手権として開催

資料 8-5　FIFA ワールドカップ歴代大会

　そもそも国別対抗のサッカー大会は、1908 年よりオリンピックの正式種目として採用されたが、プロ制度が発達していたサッカーは、アマチュアにしか出場資格のないオリンピッ

クでは、その国の最高の選手による大会とはなりえないという理由から、このワールドカップが開催されることになった。第1回大会は、1930年南米ウルグアイで開催され、参加国数は13ヶ国に過ぎなかった。この大会の開催国に立候補した国は、イタリア、オランダ、スペイン、ハンガリー、スウェーデン、そしてウルグアイの6ヶ国であったが、ヨーロッパ諸国はウルグアイの建国100周年記念開催に配慮して辞退をし、最終的にウルグアイで開催されることになった。現在、FIFAワールドカップは、6つの大陸連盟で予選が行なわれ、本大会の参加国数は、32ヶ国となっている。また、なでしこジャパンの優勝で話題となったFIFA女子ワールドカップは、1999年まではFIFA女子世界選手権の名称で行なわれており、2003年よりFIFA女子ワールドカップと変更となった。FIFAワールドカップの本大会は、オリンピックと同様に4年ごとに開催され、テレビの視聴者数では、オリンピックを凌ぐ世界最大のスポーツイベントとして発展してきた。

2. ワールドカップはメガスポーツビジネス

2015年3月、FIFAは、スイスのチューリッヒで開催された理事会後の会見において、2010年から2014年までの4年間の決算報告を発表している。それによると、同連盟の収入が2010年までの4年間から37%増と大幅に増え、57億1800万ドルの収入であったとの報道があった。そして、このうちの約90%が、2014年のワールドカップブラジル大会の関連収入によるものであったとしている。単純には比較することができないが、多くの競技種目によって運営されるオリンピック・マーケティング収入では、2009年から2012年までの4年間の総収入が80億4600万ドルであることから、単独種目であるFIFAＡワールドカップは、まさにオリンピックに次ぐメガスポーツビジネスとなっていることは今更いうまでもない。

（単位：百万ドル）

年	収入	支出	収支結果
2003	575	461	114
2004	647	509	138
2005	663	501	162
2006	749	500	249
2003-2006	2,634	1,971	663
2007	882	833	49
2008	957	773	184
2009	1,059	863	196
2010	1,291	1,089	202
2007-2010	4,189	3,558	631
2011	1,070	1,034	36
2012	1,166	1,077	89
2013	1,386	1,314	72
2014	2,096	1,955	141
2011-2014	5,718	5,380	338

資料 8-6　FIFA の収入状況

出所：FIFA Financial Report 2014 のデータをもとに作成

FIFA ワールドカップがこのようなメガスポーツビジネスとなったきっかけは、1974 年大会からであるいわれている。それは、7 代目の会長として選出されたジョアン・アヴェランジェ（João Havelange）氏が、FIFA ワールドカップの規模拡大に向けての戦略を打ち出したことに始まる。当時、アヴェランジェ会長が打ち出したワールドカップの規模拡大とスポーツとしてのサッカー育成戦略が、その後の第 8 代目会長ジョセフ・ブラッター（Joseph "Sepp" Blatter）氏によって、商業主義戦略への転換に繋がっていくことになる。中でもテレビ放送権政策は、FIFA の収入を大幅に伸ばす結果となった。ジョアン・アヴェランジェ氏による政策のガイドラインは、次の 4 つであった。

- 多数の市民が無料で視聴できる地上波と公共放送を優先する
- 中継国数を増やし、出来るだけ世界中の多くの人が視聴できるようにする
- 試合はフル中継とし、プレー中にコマーシャルを挿まない
- 放送権料を増やすことより放送露出を最優先する

このように公共放送を最優先した理由は、当時サッカーファンが最も多い欧州・南米では、国営・公共放送が中心となっており、アメリカや日本のような民放による商業テレビ放送が圧倒的に少なかったからである。この放送権政策によって、欧州主導で構成された「世界公共放送コンソーシアム」のニーズに合致して、世界の放送局に FIFA ワールドカップの放送を増大させる結果となった。また、アフリカの放送局にはほぼ無償で放送権を付与するなど、中南米やアジアの放送局連合は、低価格で放送権を取得して多数の試合を放送するに至った。その意味において、1974 年の西ドイツ大会は、ワールドカップビジネスの夜明けを告げる大会となった。アヴェランジェ会長は、先ず、FIFA ワールドカップというスポーツイベントの認知度をあげることに最大限の努力を注ぎ、そのことが現会長であるジョセフ・ブラッター氏の時代に大きな成功をもたらしたものといえる。

3. ワールドカップで多額の資金を集める FIFA

FIFA の収入源は、およそ 80％から 90％がワールドカップ大会によるものである。ワールドカップの商業化権は、次のとおりである。

- 興行権（チケット収入）
- ピッチ看板掲出権
- マーク使用権
- 呼称権
- ライセンシング権
- 放送権

(単位：百万ドル)

Event-related revenue		
TV broadcasting rights		2,484
- 2014 FIFA World Cup	2,428	
- Other FIFA events	56	
Marketing rights		1,629
- 2014 FIFA World Cup	1,580	
- Other FIFA events	49	
Hospitality rights		185
Licensing rights		115
Other		724
Total		5,137
Other operating income		
Brand licensing		162
FIFA Quality Programme		55
Mach levies		13
Other (rental income, FIFA archive film rights)		41
Total		271
Financial income		
Foreign currency gains		233
Income from financial assets		34
Interest income		43
Total		310

資料 8-7　FIFA の収入内訳

出所：FIFA Financial Report 2014

　興行権であるチケット収入は、全体の収入からみるとそれほど大きなものではない。なぜなら、ワールドカップ本大会の全試合数は、64 試合しかないため、仮に収容スタジアムの席数を 5 万人とした場合の全試合チケット発行数は、320 万枚程度の販売にしかならないからである。

資料 8-8　FIFA ワールドカップブラジル大会のチケット

　ピッチ看板は、現在では他の種目でも時々目にすることができるようになった。ピッチ看板掲出権は、欧州や南米のテレビ放映において、「ピッチ周りの看板」というサッカー独自のスポンサーシップのビジネスモデルとされた。テレビ放送において、試合中にコマーシャルを挿まないことから、こうした新しいビジネスのアイディアが出てきたのである。

資料 8-9　ピッチ周りの看板

　マーク使用権とは、FIFA のロゴや大会のマークを、スポンサーが様々な広告やプロモーションに使用する権利を認めることによる収入である。現在、FIFA パートナーとして、アディダス（ドイツ・スポーツ用品）、コカコーラ（アメリカ・飲料）、エミレーツ航空（ドバイ・航空）、現代・起亜自動車（韓国・自動車）、ソニー（日本・エレクトロニクス）、VISA（アメリカ・金融）の 6 社がスポンサー契約をしている。

　呼称権とは、例えば「〇〇〇は、FIFA ワールドカップの公式スポンサーです」と名乗ることができる権利である。ワールドカップの公式スポンサーとしては、バドワイザー（アメリカ・ビール）、カストロール（イギリス・エンジンオイル）、コンチネンタル AG（ドイツ・タイヤ）、ジョンソン&ジョンソン（アメリカ・医薬品）、マクドナルド（アメリカ・外食）、Oi（ブラジル・通信）、SEARA（ブラジル・食品）、インリーソーラー（中国、太陽光発電）の 8 社が契約をしている。

　ライセンシング権とは、大会マークをバッグや T シャツなどのマーチャンダイジング商品に使用する権利による収入である。

　FIFA は、マーク使用権や呼称権などのスポンサー契約において、オリンピックと同様「一業種一社」に絞り込むことにより、高額なスポンサー料を獲得している。また、高額契約をするスポンサーにとっても、FIFA ワールドカップは、オリンピックに次ぐメガスポーツイベントであることから、企業の宣伝効果としては大きなものとなっている。

　放送権は、テレビの放映権料による収入であるが、前述したとおり、オリンピックでは放映権料が年々高騰し続けて大きな収入源となっているが、ワールドカップの放映権料についても同様である。1998 年のフランス大会までは 1 億ドル程度に過ぎなかった放映権料が、2002 年の日・韓大会では 10 億 4000 万ドル、2006 年のドイツ大会では 16 億 6000 万ドル、2010 年の南アフリカ大会では 24 億 800 万ドル、2014 年のブラジル大会では 24 億 2800 万ドルとなった。これは、2012 年に開催されたロンドンオリンピックの 25 億 6900 万ドルに匹敵する金額である。

　これら急速な変化は、元 FIFA 会長であったアヴェランジェ氏がすすめてきた放送権政

策、すなわちワールドカップの普及を第1に考えた公共放送中心の政策から、現会長ジョセフ・ブラッター氏の政策転換によるものであった。具体的には、前会長のもとで行なっていた直接交渉による放送権交渉を入札方式に変更したことにより、放送権の争奪戦が始まったのである。

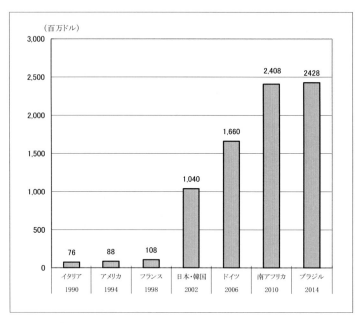

資料8-10　ワールドカップの放映権料の推移
出所：FIFA Financial Reportのデータをもとに作成

4. ワールドカップビジネスの今後の課題

　ジョセフ・ブラッター氏がFIFA会長に就任すると、ワールドカップの成長戦略を進めた放映権料の戦略もその1つである。オリンピックの放映権料も高騰してきているが、ワールドカップの放映権もそれと同等に高額なものとなってきている。その結果、地上波テレビ業界にとっては、困った問題となっている。なぜなら、地上波テレビの場合は、スポンサーからの広告収入がすべてであるが、高騰する放映権料に対して応札が困難な状況となってきたからである。

　ワールドカップの放映権料が高騰したきっかけは、1996年、ワールドカップ2大会（2002年、2006年大会）の放送権を、ISL（International Sports Culture & Leisure Marketing A.G.：電通とアディダスの関連会社が出資して設立）とキルヒ社（ドイツのメディアグループ）の共同体が、FIFAと28億スイスフラン（当時の為替換算で約2300億円）といった途方もない金額で一括して独占契約したことに始まる。

　ところが、2001年5月、ISLが経営破綻してキルヒ社に全放送権が移されたが、そのキルヒ社も経営破綻に見舞われて、新たな放送権商法は大きな問題となった。

　実際、日本が支払ったワールドカップの放映権料は、1998年フランス大会では、約6億円であったのに対し、2002年の日・韓大会では、フランス大会の10倍となる60億円を支払った。特に、日・韓大会については、日本の地上波テレビ局とBS放送は、NHKと民間

放送局がコンソーシアム（Japan Consortium：略称 JC という）を組んで交渉し、60 億円で放送権を得た。そして、CS 放送のスカイパーフェクト TV は、この JC とは別交渉した結果、全試合の放送権料を 100 億円で獲得した。

　また、近年大きな問題となってきているのが、チケット配分問題である。FIFA ワールドカップの観戦チケットは、毎大会入手困難な状況にあり、各国のサポーターや一般ファンは、チケットを探し求め、闇ブローカーによる高額なチケットの取引が問題となっている。実際、インターネットオークションにおいて、元の金額の 5 倍から 20 倍近くで取引されることが起きている。さらに、日本が初出場を果たした 1998 年フランス大会では、FIFA 公認の代理店の一部が、日本戦のチケットを割り当てた以上に販売したことにより、観戦ツアーに参加した日本人サポーターや観客が、スタジアムの外に溢れるという事態が生じた。そして、2006 年のドイツ大会では、日本のある旅行代理店がチケットを確保していないまま観戦ツアーを販売したため、これが大きな問題となった。

　これらの問題以外にも、開催国決定にまつわる不透明な決定などがあげられることから、FIFA は、こうした課題を一つ一つクリアーしていくことが、今後必要とされるであろう。

【展開課題⑧】

- なぜ多くの都市（国）はオリンピックを招致しようとするのか。
- オリンピック、ワールドカップのスポンサー契約で「一業種一社」に絞り込むのはなぜか。

【関連資料⑧】
フィギュアにもドーピングはあるの!? 五輪スキャンダルで揺れるロシア。

7月18日、世界反ドーピング機関（WADA）の独立調査チームは、2014年ソチ冬季五輪でロシアが国家の主導で組織的にドーピングを行い、隠蔽（いんぺい）していたと結論づける報告書を発表した。

調査チームの委員長の名前をとって通称「マクラーレンレポート」と呼ばれるこの報告書によると、ソチ五輪ではスポーツ省の指示により、分析機関がドーピングをしたロシア選手の検査サンプルをすり替えるなどの組織的な隠蔽作業を行っていたという。

この報告を受け、現在国際オリンピック委員会（IOC）は、リオ夏季五輪からロシアの選手全員を締め出すかどうか、厳しい選択に迫られている。

■ロシア代表選手の五輪ペア女王、ロドニナの見解。

このスキャンダルは、ソチ五輪でドーピング検査機関の所長を務めたグレゴリー・ロドチェンコフの告発を発端として、発覚した。

タス通信社によると、フィギュアスケートのペアで五輪金メダルを過去に3度獲得したロシアのイリナ・ロドニナは、「ロシアには外部から多大なプレッシャーがかけられている。このマクラーレンレポートは巧妙にタイミングをはかって、故意にリオ五輪の直前に発表された」とコメントした。これまでもよくあった、外部からのロシアをターゲットにした攻撃であると主張する。

だがファンにとってもっとも気になるのは、実際にソチ五輪でどのくらいのドーピング違反があったのか。特にフィギュアスケート選手たちもドーピングに関わっていたのかどうか、ということではないだろうか。

■ソチ五輪に向けた強化に国全体をかけていたロシア。

2010年バンクーバー冬季五輪の結果は、ロシアにとって屈辱的だった。

全メダル獲得数は15個だったが、金はわずか3個。全体の国別メダル獲得ランキングで11位と、トップ10にも入らなかったのである。

フィギュアスケートでは金メダルに届かず、男子（エフゲニー・プルシェンコ）の銀メダル、アイスダンス（ドムニナ＆シャバリン）の銅メダルのみに終わった。

その4年前の2006年トリノ五輪では、4種目中3種目でロシアが金メダルを獲得するという強さを見せていたのに、わずか4年でこの衰退振りはロシアにとってショックだったに違いない。

バンクーバー五輪後、プーチン大統領の肝いりで、国家事業としてソチ五輪に向けての強化政策がとられて来たことは何度も報道されてきた。

だがこれが国をあげてのドーピング隠蔽だったとは、前代未聞の不祥事である。

■ソチ五輪でロシアが獲得した33個のメダル。

ソチ五輪で、ロシアは合計33個のメダルを獲得している。

フィギュアスケートでも団体戦で金、さらにペアで金と銀、女子で金、アイスダンスで銅

と素晴らしい成績を収めた。

　団体戦とペアの金は予め予想されていたことだったが、女子の金やペアの銀、アイスダンスなどサプライズメダルもあった。

　現在のところ、ソチ五輪でドーピングをした個々の選手の名前は発表されていない。

　だが「マクラーレンレポート」の中では、2012年ロンドン五輪と2014年ソチ五輪、そしてその間の各種世界選手権を含む2011年からの国際大会で、少なくても577人の（ロシア選手を含む）選手たちに疑惑があり、その中の312人分の陽性反応の検体が隠蔽され、そのうちスケーターは24人いる、と報告されている。

　ちなみにスケーターとは、スピード、ショートトラック、フィギュアスケート全てを含んでいるので、この中にフィギュアスケーターが含まれているのかどうかは、現時点ではわからない。

■フィギュアではほぼ皆無だったドーピングスキャンダル。

　これまでフィギュアスケートにおいて、ドーピングが大きなスキャンダルになったことはほとんどない。

　2000年にロシアのペアスケーター、エレナ・ベレジナヤがドーピング陽性となり、欧州選手権のタイトルを剥奪され、3カ月の競技出場停止処分を受けたことがある。だがこれは当時トレーニング拠点だった米国ニュージャージー州の医師に処方された、気管支炎の薬が原因だったとされている。

　2007年にはやはりロシアのペアスケーター、ユーリ・ラリオノフがドーピング陽性となり、18カ月の出場停止処分を受けた。このときは、本人が服用したダイエットピルが原因と報道された。今年の春には、ロシアのアイスダンサー、エカテリナ・ボブロワがドーピング陽性を理由に、ボストン世界選手権に出場できなかった。

　検出されたのはシャラポワと同じメルドニウムで、本人は胸の痛みの治療として禁止物質とは知らずに服用していたという。ちなみにボブロワはソチ五輪にも出場し、団体戦金に貢献した選手である。

　いずれも故意より不注意による結果と思われ、他の競技に比べるとフィギュアスケーターのドーピングが問題視されてきたことは、過去にはなかった。

■ではドーピングすればスケーターは助かるのか？

　フィギュアスケートでドーピングの問題がほとんどなかったのは、そもそもこの競技において興奮剤というものが、助けになることがあまりないという事実もある。

　体操の日本代表、内村航平はリオ五輪に出発する会見でドーピングについての見解を聞かれ、「興奮剤でつり輪の技術が上がることはない」と語っているが、同じことがフィギュアスケートにも言えるだろう。

　繊細なスケーティング技術や音楽表現、ジャンプやスピンに求められる正確なエッジ使いなど、興奮して馬力が出たから技術が上がるものではない。

　だがその一方で、すでに技術のある選手がプログラム後半のスタミナ不足を補うため、ドーピングが助けになるという可能性が無いとは言い切れない。

こればかりは、選手本人たちに聞いてみないとわからないことだ。

タス通信社によると、エフゲニー・プルシェンコは「私、エフゲニー・プルシェンコはこれまで薬物使用などしたことがなく、常にフェアに戦ってきたことを誓う」とコメント。「ソチ五輪ではロシアは史上最高の結果を出したことは誰でも知っている。このキャンペーンをはじめたライバル国たちは、悔しさにかられて 嫉妬に燃えているのだろう」と語ったという。

■注目される、今後の IOC の対応。

WADA の出した報告を受けて、IOC が今後どこまでこの問題を掘り下げていくことになるのか、世界中が注目している。

ドーピングに関して「どのような厳しい制裁もためらわない」と発言したトマス・バッハ IOC 会長。「（この調査結果は）まだほんの表層を引っかいただけ」と主張する調査チームのマクラーレン委員長に対し、「今後も調査を続行し、個人を特定していくこと」を IOC から要請した。

もし今後ドーピング違反選手の個人名が発表され、その中にソチ五輪のメダリストが含まれるのなら、当然メダルは剥奪となるだろう。

だがプーチン大統領は当初から、現在米国に亡命している告発者のロドチェンコフ氏は「評判が悪い人物」と批判してきた。万が一、ロシア選手のソチ五輪メダル剥奪のような事態となれば、ロシアは猛烈に反発してくることは間違いない。

大国ロシアに対して IOC がどこまで強く出ていくのか、また新理事長を迎えたばかりの国際スケート連盟（ISU）が今後どのように対応していくのか、注目されるところである。

（「MSN ニュース」2016 年 7 月 24 日）

第9章 フィットネスクラブのマネジメント

1. 日本人のスポーツ参加動向

　日本人の余暇活動に対する変化と近年の健康ブームによって、運動を継続的に行うスポーツ参加者が年々増加している。このことについて笹川スポーツ財団では、1992年から「スポーツ活動に関する全国調査」を実施している。同調査では、運動・スポーツの実施状況を実施頻度、実施時間、運動強度の3つの基準をそれぞれ5つのレベルに設定し、過去1年間にまったく運動・スポーツを実施しなかった水準を「レベル0」、年1回以上週2回未満の水準を「レベル1」、週2回以上の水準を「レベル2」、週2回以上で1回30分以上の水準を「レベル3」、週2回以上で1回30分以上かつ主観的な運動強度がややきついとした水準を「レベル4」と設定している。この調査結果によると、「レベル0」「レベル1」については、1992年が49.3%（レベル0）、34.6%（レベル1）であったのに対し、2010年は、24.1%（レベル0）、26.9%（レベル1）といずれも減少してきている。一方、「レベル3」「レベル4」については、1992年が2.7%（レベル3）、6.6%（レベル4）であったのに対し、2010年は、21.5%（レベル3）、18.4%（レベル4）といずれも増加している。

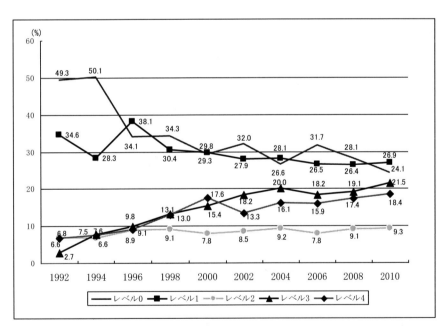

　　　　資料9-1　レベル別運動・スポーツ実施状況の推移
　　　　出所：笹川スポーツ財団『スポーツ白書』(2010)

　また、厚生労働省が実施している「国民健康・栄養調査」（1999年～2008年）によると、運動を継続的に行うスポーツ参加者の割合は、男女とも年齢が高くなるにつれて増加していることが検証されている。この調査では、週2回以上、1回30分以上の運動実施に加え、1年以上の継続期間の条件を満たす者を運動習慣者としており、2008年のデータでは、男

性では、特に 60 歳代（38.3%）と 70 歳以上の年代（41.9%）が他の年代と比較して高い水準にある。女性については、60 歳代（41.2%）の割合が最も高くなっている。このことから、年々スポーツに参加するいわゆる運動習慣者が増加してきていることがわかる。

それでは、いったいどのような運動・スポーツを実施しているのであろうか。成人を対象とした調査によれば、ウォーキング（散歩を含む）がトップであり、次いで体操（軽い体操、ラジオ体操など）、ボウリング、筋力トレーニングの順となっているが、最近ではエアロビックダンス、太極拳、ヨガ、ピラティスといったようなフィットネスプログラムが静かなブームとなっている。また、数年前にはアメリカの新兵訓練を一般向けにアレンジした運動や体操は、ダイエット用のエクササイズとして注目を浴び、特にビリー・ブランクスが考案した「ビリーズブートキャンプ」の流行は記憶に新しいところである。

さて、こうしたフィットネスに関連したフィットネス産業は、フィットネス施設・空間産業とフィットネス機器・用品産業の 2 つの領域に分類することができる。前者のフィットネス施設・空間産業には、消費者にフィットネスをするための施設や場所を提供するものであり、具体的にはフィットネスクラブ、スイミングスクール、テニススクールなどがあげられる。後者のフィットネス機器・用品産業には、フィットネスで用いられる機器や用品すべてが含まれるが、具体的には、ダンベル、バーベル等のトレーニング機器やシューズ、ウェア等の用品があげられる。そこで本章では、フィットネス産業の中でも、特にフィットネス施設・空間産業、いわゆるフィットネスクラブを中心にとりあげる。

2. フィットネス産業の歴史

フィットネス（fitness）を直訳すると、「適合」という意味のほかに「健康状態が良好」という意味がある。一般的にフィットネスといえば、エアロビクスやストレッチといった運動の種類を区別しているのではなく、身体を健康にするための運動すべてをフィットネスといっている。また、最近では、個人の年齢、体格、体力レベルに適した健康づくり・体力づくりを指すようになってきた。

フィットネスクラブの定義については、経済産業省「特定サービス産業実態調査」の区分によると、室内プール、トレーニングジム、スタジオなどの屋内の運動施設を有し、インストラクター、トレーナーなどの指導者を配置し、会員にスポーツ、体力向上などの個人指導を行なう事業所（スイミングクラブ専業は除く）としている。かつては、「アスレチックジム」とも呼ばれることもあったが、最近では「スポーツクラブ」「ウェルネスクラブ」また「スパ」も参入するなど、その施設やプログラムの多様さから呼称も多様化してきている。

わが国におけるフィットネスクラブの始まりは、東京オリンピックがきっかけといわれている。事実、東京オリンピックの翌年である 1965 年には民間のスイミングクラブが登場しており、また 1969 年には、株式会社セントラルスポーツクラブが創業し、スポーツクラブの運営を開始している。この当時は、アスレチッククラブといわれる中高年を対象とした高級スポーツクラブが開設されていたが、現在のような総合スポーツクラブが誕生したのは、1970 年代の初頭といわれている。特にこの時代は、スイミングスクールのブームが起

こり、実際セントラルスポーツクラブの始まりもスイミングスクールであった。このスイミングスクール人気と同時にオリンピックの影響もあいまって、日本ではスポーツブームが起こり、1970年代後半には、ジョギングブーム、ジャズダンスブーム、テニスブームへと続いた。

　その後、1981年にアメリカの運動生理学者であるケネス・H・クーパー（Kenneth H. Cooper）博士が来日し、日本にエアロビクスを紹介した。エアロビクスは、そもそもアメリカ空軍の「有酸素運動」としてクーパー博士が提唱したものであるが、具体的には宇宙飛行士の心肺機能トレーニングプログラムの一環として開発されたものであるという。クーパー博士がこのエアロビクスを日本国内に紹介すると、たちまち空前のフィットネスブームが巻き起こった。そして、このファッション的な感覚をもったエアロビクスと1980年代半ばのフィットネス志向の高まりと連動して、フィットネス産業が成長期を迎え、さらにバブル経済が追い風となって、日本のフィットネスクラブは1980年代中頃から急速に発展していった。1987年には、200店舗以上の新規出店がされ、さらに1988年には224店舗のフィットネスクラブがオープンした。

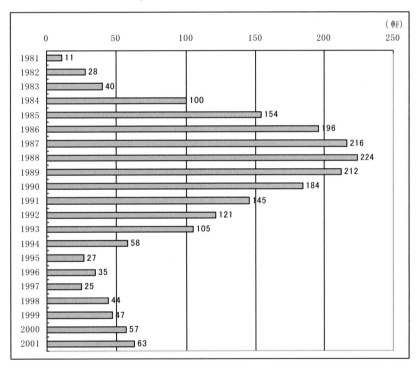

資料9-2　日本のフィットネスクラブ新設数の推移（1981年～2001年）
出所：Fitness online Club Business Japan

　しかし、その後バブル経済崩壊後の厳しい経済情勢によって、高コスト体質で経営をしてきたフィットネスクラブの経営は急速に悪化した。これには、大手のクラブが地域密着型の低料金の施設を出店させ、さらに利用時間を限定した低料金の会員種別の導入、主婦や中高年男性を新たな顧客として開拓するなどして、新規出店のフィットネスクラブは、1998年を境に増加に転じ、復調期に入った。

3. フィットネス産業の現状

わが国のフィットネスクラブの市場規模は、近年のダイエットやメタボリック症候群対策、アンチエイジングに代表される健康ブームの広がりやヨガブームなど、また個人の健康や体の均整美を志向する社会的機運の高まりによって、2003年から成長軌道に入り、2006年まで順調に伸びてきた。しかし、2007年に起きたリーマンショックによる経済状況の影響によって売上が伸びず、2012年の市場規模は4124億円となっている。

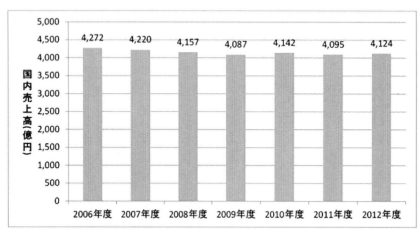

(出所：株式会社クラブビジネスジャパン、「日本のクラブ業界のトレンド2010年版」、「日本のクラブ業界のトレンド2011年版」、「日本のクラブ業界のトレンド2012年版」を基に、NSRI作成)

資料9-3 日本のフィットネスクラブの売上高の推移（2006年～2012年）

笹川スポーツ財団『スポーツ白書』(2010)によると、この市場規模の減少の要因に、次の5つの外的要因と内的要因の影響であると言及している。まず、外的要因としては、①経済の停滞と景気の低迷による消費の沈滞、選択消費の加速、②フィットネスを代替する商品・サービスの増加、③ライフスタイル・購買行動の変化(施設来場・月会費前納制に対する不満)、④業態の多様化と専門店の台頭、⑤局地的なオーバーストア化、をあげている。また、内的要因すなわちクラブ側の問題としては、①戦略(ビジネスモデル)構築力の弱さ、②価値強化力の弱さ、③価値伝達力の弱さ、④顧客創造力の弱さ、⑤起業家精神の弱さ、をあげている。

わが国のフィットネス業界の市場規模は、欧米諸国と比較してみるとまだまだその規模は小さい。例えば、2008年のアメリカの市場規模は1兆9100億円、イギリスの市場規模は7090億円といわれており、欧米諸国はわが国の市場規模を大きく上回っている。

フィットネスクラブの会員数については、2003年からの市場規模と同様に増加傾向にあったが、2006年の418万人をピークに毎年減少傾向が続き、2009年は3年ぶりに395万人と400万人を割った。このため、大手フィットネスクラブでは、集客の不振を食い止めようとして、月会費の割引や低料金の会員種別の導入をするなど会員の集客につとめている。

さて、わが国の人口に占めるフィットネスクラブへの参加率は、3.1%（2009年）と欧米

諸国の参加率と比較するとかなり低い。それに対して、アメリカは約 15%、イギリスが約 12%と高い参加率となっている。そういう意味では、日本においては、今後の高齢化進行による需要の拡大、そして地方における潜在需要はまだ顕在化されておらず、その市場規模は、まだまだ拡大の余地があるとも考えられる。

このように欧米諸国から入ってきたフィットネス産業は、近年の健康ブームの追い風にのって 4000 億円規模産業として成長してきた。フィットネスは、エアロビクスに見られるように、どちらかといえば新しいファッションとしての意味合いが強かったことから若い女性から支持されてきたが、今日では健康を意識したスポーツとして受け入れられるようになった。したがって、現在のフィットネスは、ファッションとしてのフィットネスといった側面と身体の健康を保つためのフィットネスという二つの側面の要素を持ち合わせるものとなってきているといえよう。

4. フィットネスクラブの経営戦略と今後の課題

日本のフィットネスクラブは、これまでのすべての年齢層をターゲットとした、プール、マシンジム、スタジオといった画一的な運営方法から、新たな視点を取り入れた経営戦略を打ち出している。

(単位 百万円)

総合スポーツ施設	2003 売上高	順位	2004 売上高	順位	2005 売上高	順位	2006 売上高	順位	2007 売上高	順位	2008 売上高	順位	2009 売上高	順位	2010 売上高	順位	2011 売上高	順位	2012 売上高	順位
1 コナミスポーツ&ライフ	76,484	1	78,026	1	81,209	1	88,459	1	86,544	1	89,965	1	85,765	1	85,900	1	82,600	1	79,900	1
2 セントラルスポーツ	35,341	2	38,723	2	41,732	2	43,615	2	44,924	2	48,442	2	45,901	2	45,481	2	45,753	2	46,288	2
3 ルネサンス	23,603	3	26,164	3	28,782	3	31,344	3	32,906	②3	35,562	3	36,420	3	37,049	3	36,888	3	38,637	3
4 ティップネス	20,759	4	21,560	4	25,148	4	30,619	4	32,145	4	31,842	4	31,390	4	31,535	4	30,793	4	31,592	4
5 メガロス	8,440	7	9,674	7	11,993	5	12,689	5	12,823	5	13,593	6	13,694	5	13,927	5	13,927	6	14,382	5
6 スポーツクラブNAS	10,432	5	10,455	5	10,279	6	10,632	7	10,585	8	10,707	8	10,830	8	11,625	8	13,014	8	14,142	6
7 東急スポーツオアシス	8,455	6	8,971	7	9,106	8	10,107	8	10,692	7	13,500	7	13,440	7	13,241	7	13,300	7	13,052	7
8 オージー・スポーツ (コ・ス・パ)	7,833	8	7,686	8	9,391	7	12,050	6	12,043	6	13,889	5	13,624	6	13,668	6	12,687	5	12,283	8
9 カーブスジャパン					2,052		2,305		4,824	15	3,996	18	4,195	18	5,436	16	8,431	11	11,320	9
10 東祥 (ホリディスポーツクラブ)	1,890	20	2,755	19	4,369	13	6,341	11	7,552	10	8,153	9	8,300	10	8,580	9	9,642	9	10,783	10
その年度の上位10社合計／シェア	201,248 54.69%		213,471 56.18%		230,877 57.43%		253,400 59.34%		258,402 61.23%		271,786 65.33%		267,736 65.46%		269,523 65.10%		267,209 65.33%		272,359 66.11%	
11 アクトス	4,924	10	5,527	10	6,552	10	7,067	9	8,188	9	8,133	10	8,372	9	8,517	10	8,605	10	8,790	11
12 JR東日本スポーツ (ジェクサー)	2,445	17	2,607	20	3,840	16	4,870	14	5,100	14	5,615	14	6,186	13	6,779	13	7,481	12	8,647	12
13 THINKフィットネス (ゴールドジム)	2,088	18	2,846	18	3,607	17	4,415	15	5,230	13	6,198	12	6,448	12	6,806	12	7,135	13	7,803	13
14 ジェイエスエス			6,665	9	6,685	9	6,818	10	7,071	11	7,091	11	6,892	11	6,923	11	6,917	14	7,076	14
15 ザ・ビッグスポーツ	4,977	9	4,995	11	4,728	12	5,619	13	5,710	12	5,692	13	5,350	16	5,810	14	5,823	15	5,810	16
16 キッツウェルネス	3,645	12	3,780	13	4,000	15	4,300	16	4,300	16	5,160	16	5,604	15	5,808	15	5,569	16	5,699	16
17 グンゼスポーツ	3,158	13	3,159	16	3,565	19	4,189	16	4,287	18	4,575	17	4,406	17	4,474	17	4,652	18	4,923	17
18 明治スポーツプラザ	1,230	25	①3,280	14	3,586	18	4,006	19	4,486	16	5,353	15	5,716	14	4,969	17	4,709	17	4,901	18
19 コパン					2,204		2,689		2,938	20	3,394	20	3,513	20	3,790	19	3,842	19	4,460	19
20 文教センター (アスリエ)	3,086	14	3,266	15	4,206	14	4,086	18	3,830	19	3,833	19	3,733	20	3,650	20	3,619	20	3,588	20
フィットネスクラブ合計	368,000		380,000		402,000		427,000		422,000		416,000		409,000		414,000		409,000		412,000	

資料 9-4　フィットネス業界の売上げランキング（2003 年～2012 年）

出所：Fitness online Club Business Japan

例えば、業界第 1 位のコナミスポーツクラブでは、これまで M&A を行なうなどして多店舗展開を図ってきたが、近年これまでのフィットネス、スクール以外のビジネスにも力を

入れている。具体的には、美容・癒しを目的としたエステティック、ウェルネス、カルチャースクール等の新ビジネスの展開である。特にウェルネスのサービスにおいては、温浴・水浴をベースに、ストレスケア、ビューティケア、美容・健康増進のトータルリラクゼーションのサービスを提供している。また、インストラクターが公的施設へ出向き、健康セミナー等を行なうなど、地域の公的フィットネス施設の運営を受託するビジネスを展開している。

資料9-5　業界第1位のコナミスポーツクラブ

　業界第2位のセントラルスポーツでは、新たな取り組みとして、「ダイビング・マリンレジャー」「トラベル・キッズツアー」といった各種イベントにあわせたツアーを主催するなどの新しいビジネスに取り組み、他のクラブとの差別化を図っている。

　さらに、業界第3位のルネサンスでは、もともとテニススクールから事業展開を行ってきたクラブであることから、特にテニススクールのビジネスに力を入れている。そのため、ルネサンスのテニススクールは、日本各地に30店舗以上を有しており、大人からジュニア・キッズクラスまで3万4000人のスクール会員数を持つクラブとなっている。また、2010年9月には、女性をターゲットとしたノンシューズスタイルのスタジオである単体型フィットネススタジオ「ドゥミルネサンス　新橋・銀座口店」をオープンさせ、緑やアロマに囲まれた心地よい空間でヨガ・ピラティス・ベリーダンス・フランダンスなどができるプログラムを展開している。レッスン前後にストレッチをするための「ストレッチスペース」やマンツーマンレッスンを行うための「パーソナルトレーニングルーム」を設けている。

　業界第4位のティップネスは、2011年4月、都心型新ブランド「TIP.X TOKYO（ティップ・クロス　トーキョー）を渋谷にオープンした。コンセプトは、都心に集い、新しい文化・情報を吸収しながら積極的に自己を高めようとする人々が、ボディ、スタイル、センスを磨くための全く新しいジムを目指すというものである。その特徴は、マシンを一切使わずに瞬発力や軽快さを鍛えることで、日常生活で使えるファンクショナルなボディを実現する「ファンクショナルトレーニングフィールド」をはじめ、映像と音響を駆使した「スピニング専用スタジオ」自分だけのフィットネスを楽しめる「パーソナルトレーニングスタジオ」などに加え、民族舞踊やストリート系ダンスなどの幅広いダンスプログラムで、新しい利用

価値を提示している。

　さて、フィットネスクラブの新規出店戦略については、各クラブとも共通して新規出店を控えてきている。そして、新規に出店する際の条件としては、相当に出店条件のよいエリアであること、また競合の少ないエリア（周辺人口が10万人、地方郊外、ロードサイド立地）への出店としている。

　しかし、近年のフィットネスクラブの顧客層が変化してきており、これまでの若い女性から、40歳以上、特に60歳以上の会員が増えてきているという状況から、その年代と性別をターゲットとした戦略を立て、積極的に新規出店しているフィットネスクラブもある。それは、女性限定の30分間フィットネスを全国に約1000店舗、会員数約35万人（2011年6月現在）を展開している「カーブスジャパン」である。

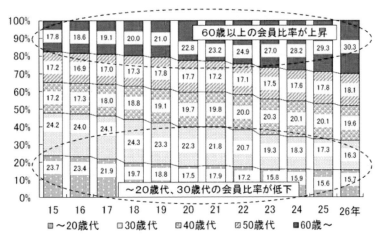

資料9-6　フィットネスクラブ会員年代層の推移（平成15年～平成26年）

資料9-7　ターゲットを絞って新規店舗を拡大するカーブス

カーブスジャパンは、2005年2月にカーブスインターナショナル（米国）と本部契約を結び、わずか6年間で1000店舗を出店したフランチャイズのフィットネスクラブである。カーブスは、特に顧客ターゲットを35歳から69歳に絞って出店をしており、新規出店にあたっては、総務省統計局の国勢調査を基に株式会社JPSが作成したカラー人口分布図GISを使い、よりスピーディーに新規店舗を実現させる戦略をとっている。

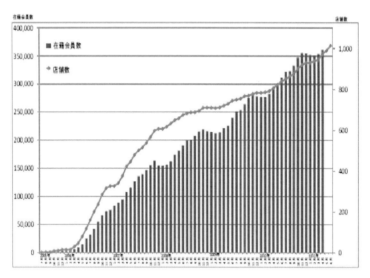

資料9-8　カーブスの店舗数と会員数の推移
出所：カーブス　2011年6月出店情報

　また、何よりも衝撃的だったのは、2010年10月、アメリカのフィットネスクラブである「エニタイムフィットネス」が日本初の24時間営業のフィットネスクラブを東京都調布市に出店させたことである。このクラブはフランチャイズ方式によるマシンジム特化型のクラブである。インストラクターを配置しないセルフ利用で、夜間は無人営業で運営コストを抑え、廉価な会費を実現させ、今後も店舗を拡大させる経営戦略で展開している。

　前述したとおり、わが国の人口に占めるフィットネスクラブへの参加率は、欧米諸国の参加率と比較するとかなり低い。したがって、日本のフィットネス市場は中長期的には今後も成長産業として期待できるものと考えられる。但し、上場企業を含めた業界各社では、経営者の短期的な売上高の見通しが依然厳しい状況にあることはいうまでもない。

　今後日本のフィットネス産業が大きく成長するためには、まずフィットネスへの参加率を高める必要がある。具体的には、中高年のほか、団塊ジュニア世代をターゲットに、託児サービス、スイミングスクールなどのスクールビジネスと教育プログラムを充実させるなど、ハード、ソフト両面において、他社との差別化を図った多様な戦略を展開することが必要となろう。さらに、海外では医療機関とタイアップしたメディカル・フィットネスクラブも増加してきていることから、そうした独自性を打ち出すビジネスモデルの構築が急務であるといえる。

【展開課題⑨】

● フィットネスクラブの顧客層は、どのように変化してきているか。

● フィットネス産業が、今後成長するためには何が必要か。

【関連資料⑨】
ライザップの次は「定額制通い放題」ジムがブームの兆し

　個室のプライベートジム、講師とのマンツーマンレッスン、24時間営業のセルフ型ジム。最近、こういった特色のあるフィットネスジムを都市部で見かけることが増えた。

　ジムと言えば、一昔前はプールやトレーニング器具を備えた大型施設が主流だった。いわば統合型のジムだ。しかし、日本人の生活形態が多様化するにつれ、ここ数年、機能を絞り込んで専門性に特化したジムが増加している。有名タレントを起用したCMで話題となったダイエット専門ジムや、ストレッチ専門店、スパ重視の施設など、細分化の波が加速している。

　そんな状況を背景に、今、フィットネス業界で伸びているのが「サブスクリプション型」のサービスである。

　サブスクリプションとは定額制の意味で、使い放題を表す言葉。映画やドラマを見放題、電子書籍を読み放題という文化面のサービスはかなり定着してきたが、これらと同様のビジネスモデルがスポーツ業界に導入され、成長を遂げている。

　Lespas（レスパス）は、定額制の先駆者だ。月額9800円で登録ジムのレッスンに好きなだけ通うことができる。登録されている施設は1500ヵ所以上（2015年1月18日現在）。500種類以上のレッスンを受けることができる。

　ヨガ、ピラティス、ストレッチ、大人向けバレエ、ダンスといった人気どころから、ボルダリング、ボクシング、カポエイラ、ブラジリアン柔術、居合といった個性的なものまで幅広い。興味あるレッスンを見つけたら、ネットから予約するだけでOKだ。

　利用者に聞いてみると、「好きなときに、好きなアクティビティーを選べるのがいい」「飽き性なので、いろいろなレッスンに参加して楽しんでいる」「最初はゴルフレッスンが目的だったが、ゴルフ上達のためのヨガがあると知り、今は組み合わせて参加している」と動機も感想もさまざま。

　施設側にとっても、何か運動をやってみたいという消費者への「お試しサービス」として位置付け、活用が広がっている状況だ。

■出張時にも出先近所の施設で汗を流せる

　中には定額料金内でパーソナルトレーニングを行っているジムもあり、大手スポーツクラブでは、通常は別料金となるゴルフやテニスも、追加料金なしで受けられるところもある。

　レスパスは大手ゲーム運営会社・グリー社内で行われた新規事業コンテストから生まれたものだ。

　「日本のフィットネス市場で、レッスンをもっと身近に自由なものにしたい。そういう目標でスタートしました。米国でも同様の定額サービスが急成長を遂げており、本格的に事業として取り組むことにしたのです」（グリーのヘルスケア事業部・斎藤佐智子氏）

　レスパスを使えば、平日は会社の近くのジムで汗を流し、休日は自宅圏内で別のレッスンを受ける。出張時にも現地の施設に予約をしておけば、場所や時間に縛られることもない。

現在は首都圏、京阪神、中部圏（愛知）に展開を行っている。

　もっと自由に体を鍛えたいという人には、オンラインのフィットネス動画サービスも出現している。Fit-lib（フィット・リブ）は、プロの講師が教えるプログラムを、パソコンやスマホで好きな時間に見られる仕組みだ。小さなスペースでも効率的に体を動かせる内容になっており、毎月、新作が更新される。こちらは、月額1980円からとなっている。

　日本のフィットネス市場規模は、現在4300億円。ここ3年は連続で成長しており、2015年には最高の売上げを記録している。まだまだ"伸びしろ"があるこの業界。今後はいかなる手で多様化を進めていくのだろうか。

　　　　　（『DIAMOND online』Sports 消費インサイド 第361回 2016年1月21日）

資料編：総合型地域スポーツクラブのマネジメント

出所：日本体育協会クラブマネジャー講習会資料

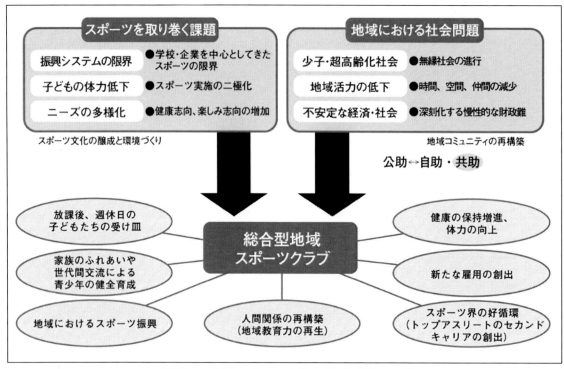

資料1　地域スポーツを取り巻く環境の変化

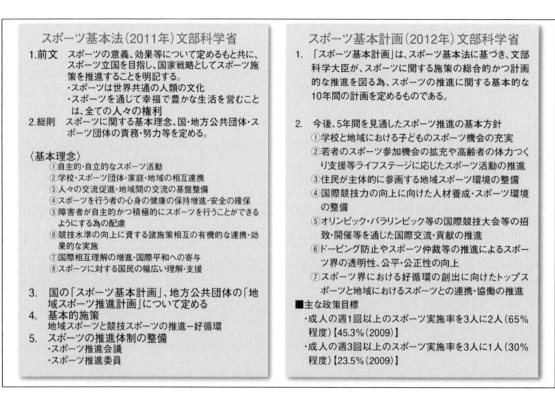

資料2　スポーツ基本法とスポーツ基本計画

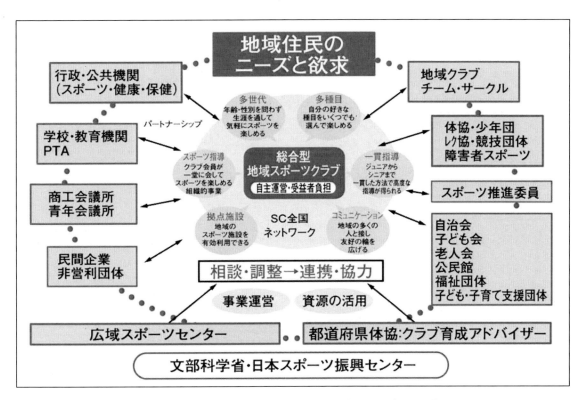

資料3　総合型地域スポーツクラブを取り巻く環境

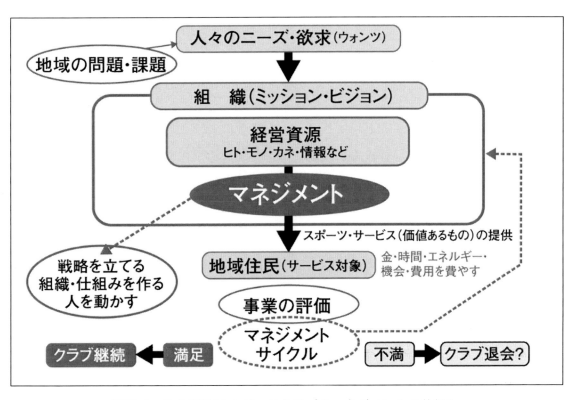

資料4　総合型地域スポーツクラブのマネジメントの仕組み

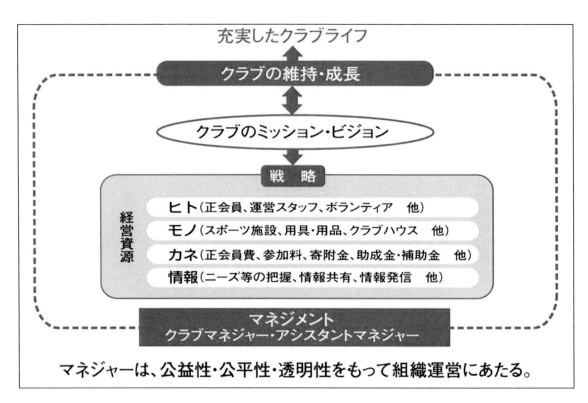

資料5　クラブマネジャーとアシスタントマネジャー

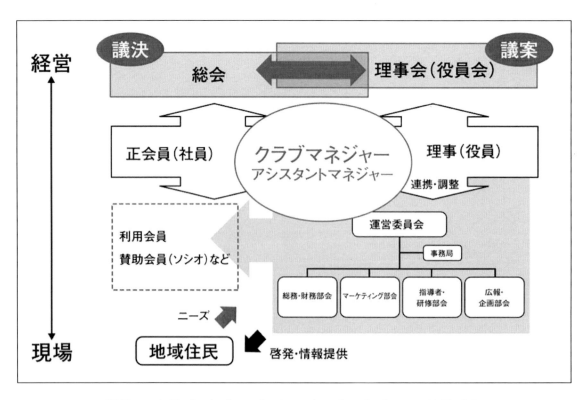

資料6　クラブマネジャーとアシスタントマネジャーの位置づけ

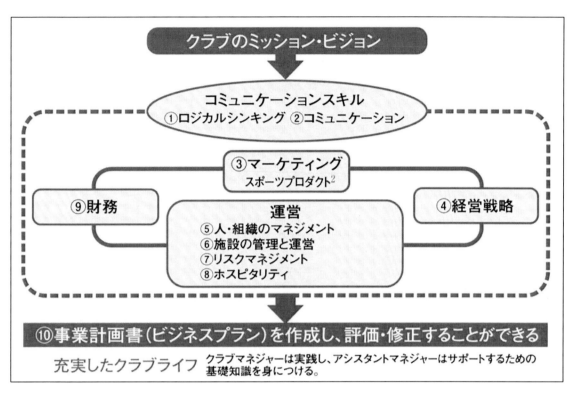

資料7　クラブマネジャーとアシスタントマネジャーに求められる能力

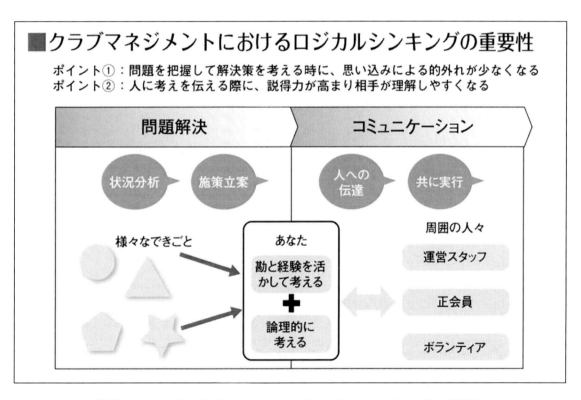

資料8　クラブマネジメントにおけるロジカルシンキングの重要性

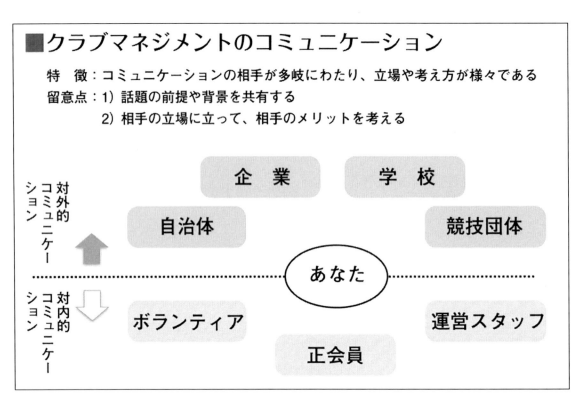

資料9　クラブマネジメントのコミュニケーション

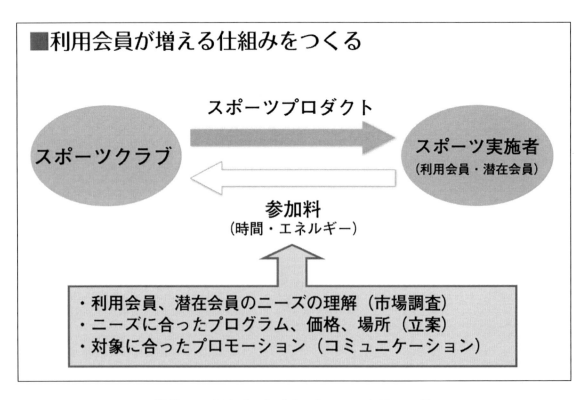

資料10　クラブマネジメントのマーケティング

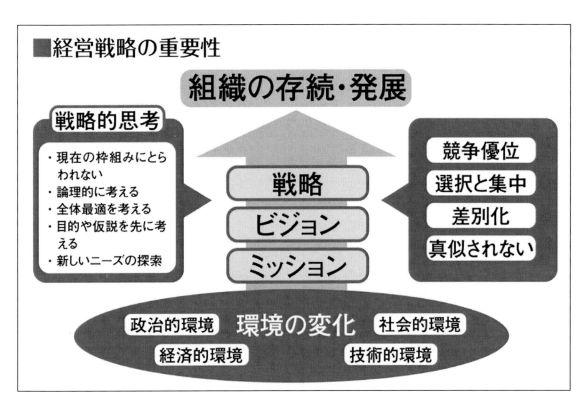

資料11　クラブマネジメントの経営戦略

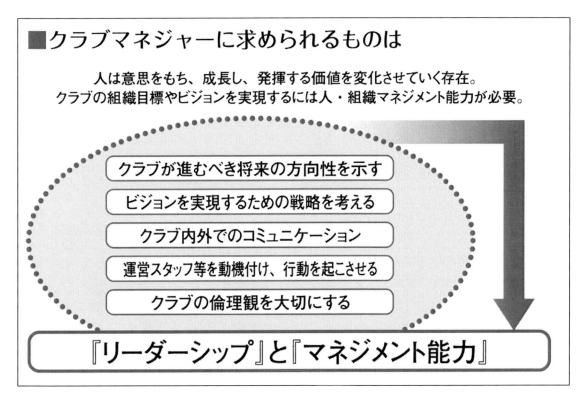

資料12　クラブにおける人・組織のマネジメント

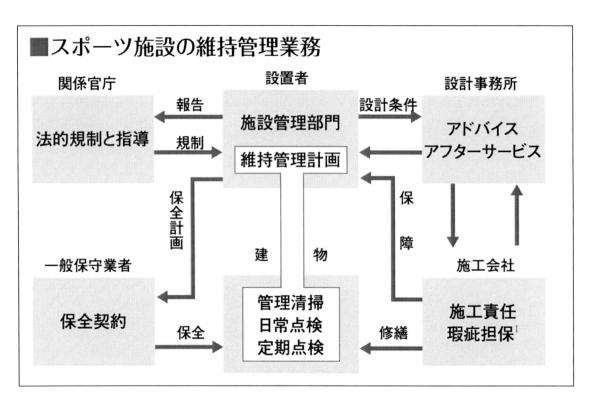

資料13　スポーツ施設の維持管理業務

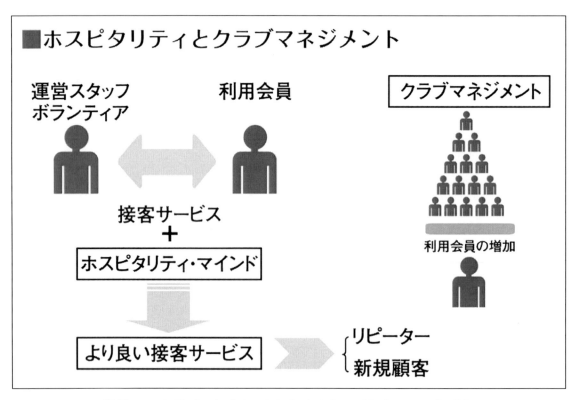

資料14　クラブマネジメントにおけるホスピタリティの重要性

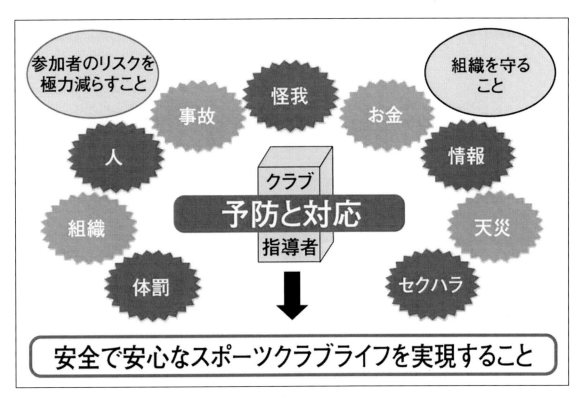

資料15　スポーツクラブのリスクマネジメント

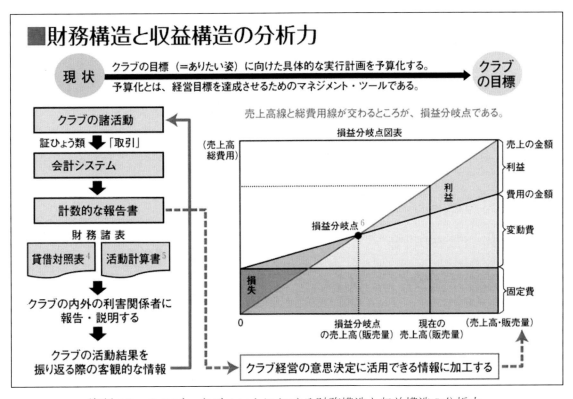

資料16　クラブマネジメントにおける財務構造と収益構造の分析力

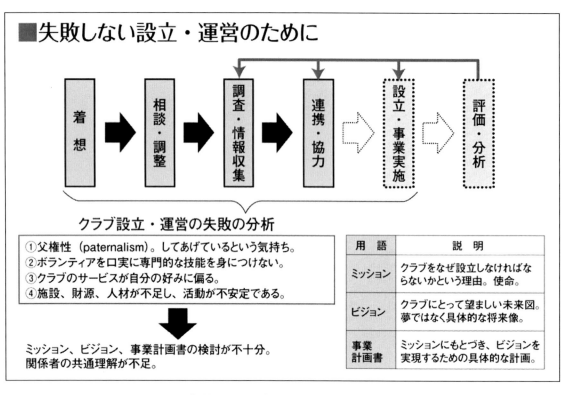

資料17　スポーツクラブの創設

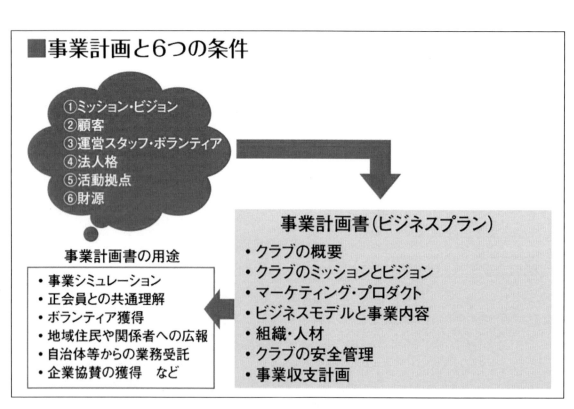

資料18　スポーツクラブの創設における事業計画と条件

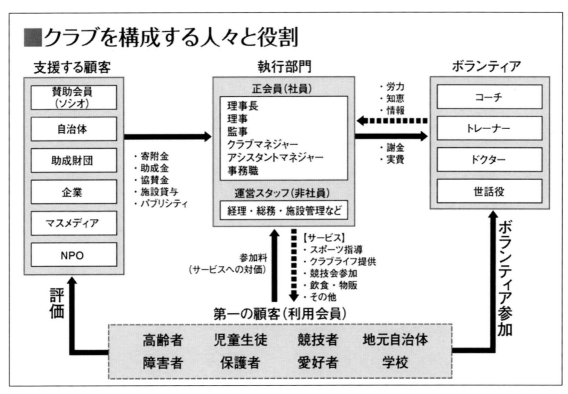

資料19　スポーツクラブを構成する顧客とスタッフ

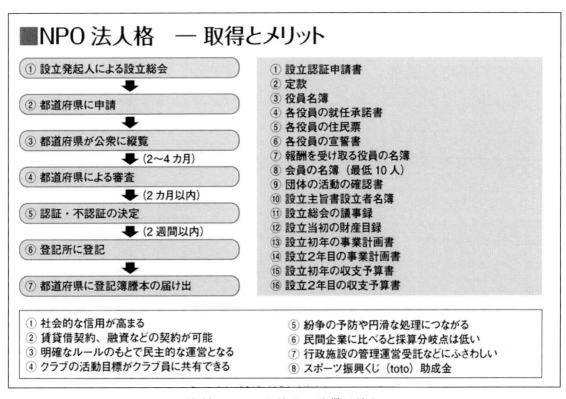

資料20　NPO法人の取得手続き

- 137 -

■指定管理者制度と活動拠点

改正前	改正後
管理委託制度	指定管理者制度
公の施設の管理は、地方公共団体が出資している法人で政令で定めるもの又は公共団体若しくは公共的団体に委託することができる	従来のように特定の法人等に限ることなく、株式会社等の民間事業者にまで拡大。公の施設の管理を行わせることができる
自治体 → 出資している法人（事業団、公社等）→ 民間事業者	自治体 → 出資している法人（事業団、公社等）／民間事業者
施設の管理権限及び責任は自治体	受託者が利用許可を行える

資料21　指定管理者制度と活動拠点の確保

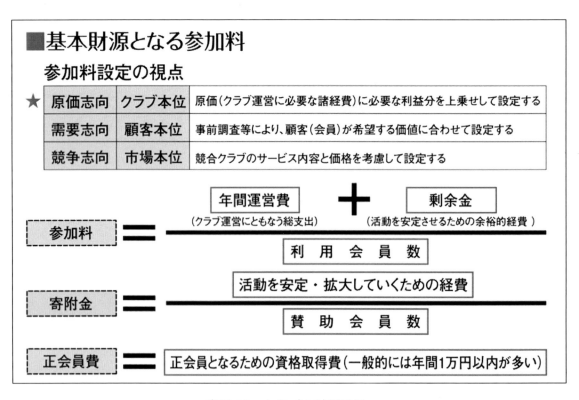

資料22　クラブの財源確保

■信頼を左右する事業計画書

目次構成	内　容
1.クラブの概要	
2.クラブのミッションとビジョン	2−1.クラブのミッション
	2−2.クラブのビジョン(5年後のクラブの将来像)
	2−3.ビジョン達成に向けた具体的なゴール
3.マーケティング・プロダクト	3−1.マーケティング
	3−2.プロダクト
4.ビジネスモデルと事業内容	4−1.ビジネスモデル図
	4−2.事業内容
	4−3.料金体系等
	4−4.施設の管理と運営
5.組織・人材(配置・確保・養成)	5−1.組織の基本的な考え方
	5−2.組織図(人数も明記)
	5−3.報酬制度
	5−4.労務管理
6.クラブの安全管理	6−1.リスクマネジメント
	6−2.保険
	6−3.緊急連絡先(医療機関等)
	6−4.緊急連絡網(役員等)
7.事業収支計画	

資料 23　事業計画書の作成

【参考文献】

　主な参考文献は、以下のとおりである。また、本書の執筆にあたり、その他の文献、多くの新聞記事やウェブサイト等を参考にさせていただいた。

序章

- 新城常三『庶民と旅の歴史』日本放送出版協会，1971 年.
- 岸野雄三、小田切毅一『レクリエーションの文化史』不味堂出版，1972 年.
- 木村吉次編『体育・スポーツ史概論』市村出版，2001 年.
- 通商産業省産業政策局編「スポーツビジョン 21」通商産業調査会，1990 年.
- 上西康文編『ゼミナール現代日本のスポーツビジネス戦略』大修館書店，2000 年.
- 平田竹男・中村好男『トップスポーツビジネスの最前線』友人社，2004 年.
- 原田宗彦編著『スポーツ産業論（第 4 版)』杏林書院，2010 年.
- 石川幸生『クロリティーの研究—生涯スポーツとしてのニュースポーツ—』唯学書房，2010 年.
- スポーツ白書編集委員会『スポーツ白書』笹川スポーツ財団，2011 年.
- 黒田次郎，遠藤利文編著『スポーツビジネス概論』叢文社，2012 年.

第 1 章～第 9 章

- 池田勝，守能信次（編）『講座・スポーツの社会科学　スポーツの経済学』杏林書院，1999 年.
- 伊多波良雄ら『スポーツの経済と政策』晃洋書房，2011 年.
- 市川繁『マーケティング・アライアンス』中央経済社，1996 年.
- 市川繁「ストア小売りにおける業態と複合生活空間にみる新傾向—日米比較研究—」中京経営研究，第 9 巻第 2 号 2000 年 2 月.
- 市川繁「日本の家電業界における流通系列化への一視角」中京経営研究，第 20 巻第 1・2 号 2011 年 3 月.
- 稲垣正浩「スポーツ産業の変遷」体育の科学，1990 年.
- 井原久光『テキスト経営学　増補版　基礎から最新の理論まで』ミネルヴァ書房，2000 年.
- 上山昭博『プロパテント・ウォーズ』文春新書，2000 年.
- 上田真弓『ファン・マーケティング』毎日コミュニケーション，2007 年.
- 宇野政雄，市川繁，片山又一郎『流通業界』教育社新書，1995 年.
- ウラジミール・アンドレフら，守能信次（訳)『スポーツの経済学』文庫クセジュ，1995 年.
- 折口透『自動車の世紀』岩波新書，1997 年.
- 大阪府立産業開発研究所「スポーツの視点から産業，地域振興を考える」2008 年 2 月.
- 三原徹，鈴木友也『スポーツ経営学ガイド BOOK』ベースボール・マガジン社，2003 年.
- 大枝一郎ら『図解　流通業界ハンドブック』東洋経済新報社，2002 年.
- 折口透『自動車の世紀』岩波新書，1997 年.
- 上條典夫『スポーツ経済効果で元気になった街と国』講談社，2002 年.
- 神田敏晶『web2.0 でビジネスが変わる』ソフトバンク新書，2006 年.

・木村吉次ら「わが国のスポーツ用品製造・卸・小売業界団体に関する歴史的研究」平成 4 年度日本スポーツ産業学会一般研究補助費研究成果報告書，1993 年.

・経済産業省関東経済産業局「広域関東圏におけるスポーツビジネスを核とした新しい地域活性化のあり方に係る調査」2009 年 3 月.

・小泉直樹『知的財産法入門』岩波新書，2010 年.

・公益財団法人日本生産性本部『2011 レジャー白書』公益財団法人日本生産性本部，2011 年.

・寒河江孝允『知的財産権の知識 第二版』日本経済新聞出版社，2007 年.

・J・B・シュトラッサー，L・L・ベックランド，白土孝（訳）『スウッシュ : NIKE「浦社会史」挑発と危機と革新の「真実」』祥伝社，1998 年.

・鈴木武史『ショービジネス in USA 先端エンタテインメント産業の現状』中公新書，1991 年.

・寒川恒夫（編）『図説 スポーツ史』朝倉書店，1992 年.

・高巌，T・ドナルドソン『ビジネスエシックス』文眞堂，1999 年.

・高橋康也『ことば読本 ことば遊び : ことばという遊び』河出書房新社，1990 年.

・多木浩二『スポーツを考える』ちくま新書，1995 年.

・デビッド・カーターら，原田宗彦（訳）『アメリカ・スポーツビジネスに学ぶ経営戦略』大修館書店，2006 年.

・ドナルド・カッツ，梶原克教（訳）『ジャスト・ドゥ・イット』早川書房，1996 年.

・永井良和ら『南海ホークスがあったころ—野球ファンとパ・リーグの文化史』紀伊国屋書店，2003 年.

・中山裕登『レジャー産業界』教育社新書，1996 年.

・則定隆男『ビジネスのコトバ学』日経プレミアシリーズ，2008 年.

・バーバラ・スミット，宮本俊夫（訳）『アディダス VS プーマもうひとつの代理戦争』ランダムハウス講談社，2006 年.

・原田宗彦（編著）『スポーツ産業論入門 第三版』杏林書院，2003 年.

・原田宗彦，小笠原悦子（編著）『スポーツマネジメント』大修館書店，2008 年.

・原克『ポピュラーサイエンスの時代』柏書房，2006 年.

・原克『暮らしのテクノロジー』大修館書店，2007 年.

・早川武彦『グローバル化するスポーツとメディア、ビジネス スポーツ産業論講座』創文企画，2006 年.

・浜辺陽一郎『コンプライアンスの考え方』中公新書，2005 年.

・S・I・ハヤカワ，大久保忠利（訳）『思考と行動における言語 原書第四版』岩波書店，2001 年.

・B・G・ピッツら（編著），首藤禎史，伊藤友章（訳）『スポート・マーケティングの基礎 第二版』白桃書房，2006 年.

・日野眞克『「マーチャンダイジング」と「マネジメント」の教科書』NFI，2009 年.

・平田竹男ら「スポーツ係数でみる 1993 年以降のスポーツ産業の変遷に関する研究—品目別・年代別・世帯収入五分位階級別スポーツ支出の推移—」スポーツ産業学研究，第 21 巻第 2 号 2011 年.

- 丸山圭三郎『ソシュールを読む』岩波書店，1983 年.
- 森洋子『ブリューゲルの「子どもの遊戯」遊びの図像学』未来社，1989 年.
- 水尾順一『マーケティング倫理 人間・社会・環境との共生』中央経済社，2000 年.
- 守能信次『スポーツ・ルールの論理』大修館書店，2007 年.
- 守能信次「スポーツ・ルール成立の思想的背景」体育の科学 59・1，2009 年.
- 守能信次「ゲーム理論とスポーツ—だからスポーツは楽しい」体育の科学(42)，1992 年.
- 守能信次「体育科教育 私にとってスポーツとは」大修館書店，2003 年.
- 矢野経済研究所『2012 年度版 スポーツアパレル市場動向調査』矢野経済研究所，2011 年.
- 吉野貴晶『サザエさんと株価の関係』新潮新書，2006 年.
- ヨッヘン・ヴォルフ，石川幸生，杉谷正次，本田陽（監訳），山内章裕（訳）『ドイツにおけるスポーツクラブのマーケティング』三恵社，2007 年.
- Richard A.Lipsey, The SPORTING GOODS INDUSTRY History, Practices and Products, McFarland & Company, 2006.
- 渡辺保『現代スポーツ産業論』同友館，2004 年.
- ジム・パリ，ヴァシル・ギルギノフ，舛本直文（訳・著）『オリンピックのすべて—古代の理想から現代の諸問題まで』大修館書，2008 年.
- INTERNATIONAL OLYMPIC COMMITTEE「OLYMPIC MARKETING FACT FILE」2015 EDITION
- FIFA Financial Report 2014.
- 岡田功『メジャーリーグなぜ「儲かる」』集英社新書，2010 年.
- 大坪正則『スポーツと国力—巨人はなぜ勝てない』朝日新書，2007 年.
- 大坪正則『メジャー野球の経営学』集英社新書，2008 年.
- アンドリュー・ジンバリスト，鈴木友也（訳）『60 億を投資できる MLB のからくり』ベースボール・マガジン社，2007 年.
- 週刊ベースボール別冊冬季号『メジャーリーグ・オフシーズンの移籍市場ガイド』ベースボール・マガジン社，2010 年.
- NHK スペシャル取材班『日本とアメリカ 2 日本は生き残れるか』NHK 出版，2009 年.
- スポーツ白書編集委員会『スポーツ白書』笹川スポーツ財団，2011 年.
- 日本生産性本部『レジャー白書』生産性出版，2011 年.
- 中小企業基盤整備機構『サービス産業業種別実態調査（対個人サービス業）報告書』2009 年.
- 石川幸生，杉谷正次（編著）『現代スポーツビジネス』三恵社，2012 年.

＜編著者紹介＞

杉谷 正次（すぎたに　まさつぐ）

1958 年生まれ。愛知東邦大学経営学部地域ビジネス学科教授。東邦学園大学助教授、愛知東邦大学准教授を経て、2013 年 4 月より現職。著書に『ドイツにおけるスポーツクラブのマーケティング』監訳（三恵社）2007 年、『ニュースポーツの面白さと楽しみ方へのチャレンジ』共著（唯学書房）2009 年、『超高齢社会における認知症予防と運動習慣への挑戦』共著（唯学書房）2012 年、『現代スポーツビジネス』編著（三恵社）2012 年、『スポーツツーリズムの可能性を探る』共著（唯学書房）2015 年、などがある。

石川 幸生（いしかわ　ゆきお）

1950 年生まれ。愛知東邦大学人間健康学部人間健康学科教授。名古屋女子文化短期大学教授、愛知学泉短期大学教授などを経て、2007 年 4 月より現職。著書に『ドイツにおけるスポーツクラブのマーケティング』監訳（三恵社）2007 年、『ニュースポーツの面白さと楽しみ方へのチャレンジ』共著（唯学書房）2009 年、『生涯スポーツとしてのニュースポーツクロリティーの研究』（唯学書房）2010 年、『超高齢社会における認知症予防と運動習慣への挑戦』共著（唯学書房）2012 年、『スポーツツーリズムの可能性を探る』共著（唯学書房）2015 年、などがある。また、スポーツ輪投げ「クロリティー」等の考案者。

＜執筆分担一覧＞

石川 幸生　愛知東邦大学人間健康学部教授（序章）
山内 章裕　大阪大谷大学人間社会学部准教授（第 1 章・第 3 章・第 4 章・第 5 章）
杉谷 正次　愛知東邦大学経営学部教授（第 2 章・第 6 章・第 7 章・第 8 章・第 9 章）

現代スポーツマネジメント　―マーケティングからマネジメントの時代へ―

2016年 9月 20日　　初版発行

編 者　　杉谷　正次・石川　幸生

定価（本体価格1,600円＋税）

発行所　　株 式 会 社　三 恵 社
〒462-0056 愛知県名古屋市北区中丸町2-24-1
TEL 052（915）5211
FAX 052（915）5019
URL http://www.sankeisha.com

乱丁・落丁の場合はお取替えいたします。　　　　　　　©2016 Masatsugu Sugitani, Yukio Ishikawa
ISBN978-4-86487-577-6 C1034 ¥1600E